Meistbegünstigung und Zollunterscheidung.

Von

Hermann Schumacher.

Sonderdruck aus den Schriften des Vereins für Sozial=
politik, Band 155. I.
(Die wirtschaftliche Annäherung zwischen den verbündeten Mächten.)

Meistbegünstigung und Zollunterscheidung.

Betrachtungen über eine Neugestaltung der deutschen Handelspolitik nach dem Kriege.

Von

Dr. Hermann Schumacher,
o. Professor der Staatswissenschaften an der Universität Bonn.

München und Leipzig.
Verlag von Duncker & Humblot.
1915.

Alle Rechte vorbehalten.

Altenburg
Pierersche Hofbuchdruckerei
Stephan Geibel & Co.

Vorwort.

Je mehr unsere Feinde an den Erfolgen ihrer Waffen zu zweifeln beginnen, treten sie mit Bemühungen hervor, die deutsche Wirtschaftskraft mit anderen Mitteln, auch noch nach dem Kriege, lahm zu legen. Sie entwickeln zu diesem Zweck immer nur Pläne, zum Teil von solcher Schamlosigkeit, wie wir sie bisher mit dem Charakter des großen englischen Kaufmanns unvereinbar gehalten hatten. Auch diesen Angriffsabsichten müssen wir rechtzeitig mit Ruhe und Kraft begegnen. Wir müssen unseren handelspolitischen Köcher gefüllt halten für alle Fälle. Dann brauchen wir, trotz vieler natürlicher Nachteile unserer Lage, auch hier wenig zu fürchten.

Von diesem Gesichtspunkte aus übergebe ich die folgenden Blätter, die zugleich in den Schriften des Vereins für Sozialpolitik erscheinen, der Öffentlichkeit. In ihnen suche ich, auf Grund des Studiums eines umfassenden Materials, systematisch und knapp zusammenzufassen, was ich, zum Teil seit Jahresfrist, an verschiedenen Stellen schriftlich und mündlich vertreten habe.

Bonn, den 20. August 1915.

Hermann Schumacher.

Inhaltsübersicht.

	Seite
Einleitung	3
I. Die handelspolitische Bedeutung des Weltkrieges für Deutschland	3
1. Er schafft die Möglichkeit einer handelspolitischen Neuregelung	4
2. Er verstärkt das Bedürfnis nach einer solchen Neuregelung	5
II. Das Zollwesen als Mittel, Deutschland und Österreich-Ungarn möglichst eng mit einander zu verbinden	13
1. Das Zollwesen als politisches Bindemittel	14
2. Das Zollwesen als industrielles Erziehungsmittel	15
3. Das Zollwesen als Mittel der Kapitalzuführung	16
4. Das Zollwesen als Mittel wirtschaftlicher Verselbständigung in der Versorgung mit Lebensmitteln und Rohstoffen, sowie in der Ausfuhr	17
III. Der Schutz vor handelspolitischen Angriffen als Hauptaufgabe der deutschen Handelspolitik nach dem Kriege	25
1. Die Gefahren im Zollwesen, denen begegnet werden muß	26
2. Die Bedeutung und die Schwierigkeiten von Tarifverträgen	27
IV. Die Bedeutung der Meistbegünstigung und die Möglichkeiten ihrer Ausgestaltung	32
1. Die tatsächliche und rechtliche Ausgestaltung der Meistbegünstigung im Allgemeinen	37
2. Die tatsächliche Ausgestaltung der Meistbegünstigung durch Tarifspezialisierung	38
V. Die tatsächliche Ausgestaltung der Meistbegünstigung durch Zollunterscheidung nach der Grenze	41
1. Ihre Bedeutung im Allgemeinen	42
2. Ihre durch den Krieg gewonnene besondere Bedeutung	43
VI. Die tatsächliche Ausgestaltung der Meistbegünstigung durch Zollunterscheidung nach der Ankunft der Seeschiffe	48
1. Surtaxes de pavillon und surtaxes d'entrepôt	48
2. Die neuere Ausgestaltung der Seeschiffahrtspolitik zu einem handelspolitischen Kampfmittel	50
VII. Die rechtliche Einengung der Meistbegünstigung im Laufe der geschichtlichen Entwicklung	53
1. Die Beschränkung der Meistbegünstigung auf den Warengrenzverkehr	54
2. Bestrebungen, den Auslandscharakter der eingeführten Ware im Binnenverkehr festzuhalten	55

Inhaltsübersicht.

		Seite
VIII.	Die rechtliche Einengung der Meistbegünstigung auf bestimmte Waren	60
	1. Die Zollunterscheidung nach Warenarten	61
	2. Die Zollunterscheidung in der Kündigungsfrist der Meistbegünstigung	63
IX.	Die rechtliche Einengung der Meistbegünstigung auf bestimmte Länder	64
	1. Die Zollbevorzugung politisch nahestehenden Länder	64
	2. Das Drei-Tarif-System	68

Der Krieg ist stets für ein Volk ein politischer Lehrmeister gewesen, aber doch niemals so sehr, wie jetzt für Deutschland, wo keine Familie von ihm unberührt bleibt. Es ist der erste Krieg, den Deutschland seit seiner Einigung zu führen hat, die erste große und strenge Schule in Weltpolitik, die unser bisher noch so unpolitisches Volk durchmacht. Mit e i n e m Schlage sind ihm die Probleme der großen Politik in ihrer ganzen Wucht und Fülle erdrückend vor die Seele gerückt worden. Keiner kann ihre Bedeutung wieder ganz vergessen. In tiefer Erschütterung hat jeder erfahren, daß es noch höhere Güter, als wirtschaftliche, gibt, und daß die alte Friedensweisheit, „im Leben der Völker wie im Leben der einzelnen seien Reichtum und Macht gleichwertige Begriffe", eine philisterhafte Halbwahrheit ist.

Auch der Volkswirt wird die Überordnung politischer Gesichtspunkte im Leben der Völker in Zukunft stärker als bisher anerkennen müssen. Aber daraus ergibt sich für ihn nicht, daß er seine Betrachtungen mit der Politik verquicken muß oder darf. Im Gegenteil, je mehr die Gesichtspunkte der großen Politik in ihrer überragenden Bedeutung erkannt werden, um so dringlicher ist es für ihn, sich auf sein Gebiet möglichst zu beschränken. Nur bei sorgsamer Grenzwahrung vermag er Wirtschaft wie Politik wertvolle Dienste zu leisten. Denn nur bei strenger Befolgung der isolierten Methode kann er klärend wirken. Das gilt ganz besonders von den der Politik benachbarten Zweigen des Wirtschaftslebens, vor allem von der die Wirtschaftsbeziehungen der Völker regelnden Handelspolitik, wenn sie auch niemals ganz von der auswärtigen Politik zu scheiden ist.

I.

Suchen wir von diesem Standpunkt aus die handelspolitische Lage und ihre Gestaltung nach dem Kriege in ihrer Besonderheit klar zu erfassen, so muß ausgegangen werden von der Tatsache, daß der Krieg die Verträge zwischen den kriegführenden Staaten, soweit sie nur zweiseitig sind, löst. Er wälzt die Bürde der Vergangenheit zum großen Teile ab, schafft handelspolitisches Neuland und ermöglicht es damit, nach neuen Plänen neu aufzubauen.

Da wir es ja mit vielen Feinden ringsum zu tun haben, so gewährt der Krieg selbst bereits diese Freiheit neuen Handelns in ausgedehntem Maße. Aber das allein wäre doch unzureichend. Denn die Wirtschaftsverhältnisse der einzelnen Länder sind nicht gesondert für sich; sie schließen sich zu jenem dicht verknüpften Netz von Beziehungen zusammen, das wir Weltwirtschaft nennen. Beträfe die Lösung unserer handelspolitischen Beziehungen allein die Länder, mit denen wir Krieg führen, so würde der Neubau doch nach vielen Richtungen hin behindert sein. Entsprechend den wirtschaftlichen Verhältnissen, für die sie bestimmt sind, wachsen auch die Tarifverträge, wenn auch jeder einzelne in besonderen Verhandlungen zustande gekommen ist, zu einem wechselseitig bedingten System zusammen. Der Inhalt des einen wirkt infolge der Meistbegünstigung auch bestimmend auf die Bedeutung des anderen; was in dem einen bewilligt wurde, ist vertragsrechtlich auch im anderen zugestanden. So war man schon im Frieden zur Einsicht gekommen, daß die Kündigung eines wichtigen Tarifvertrags die anderer notwendig nach sich ziehe. Hätte zum Beispiel Rußland, wie erwartet wurde, von seinem Kündigungsrecht Gebrauch gemacht, so wäre es infolge dieser engen Wechselbeziehungen für uns vielleicht nötig geworden, auch andere Verträge zu lösen, um unsere taktische Gesamtstellung nicht zu verschlechtern. Schafft auch der Krieg neue Druckmittel von besonderer Stärke, so macht doch stets dieser Zusammenhang der Tarifverträge untereinander sich geltend. Deshalb ist es ein Zufall von weittragender Bedeutung, daß mit dem Kriege der Ablauf unserer langfristigen Verträge fast zusammenfällt. Die ursprünglichen Bülowschen Verträge von 1904 und 1905 sind vom 31. Dezember 1916 an täglich mit einjähriger Frist kündbar. Nur in dem Vertrag mit Österreich-Ungarn war mit Rücksicht auf den Ausgleich zwischen Österreich und Ungarn der 31. Dezember 1915 als möglicher Endtermin vorgesehen worden; da jedoch eine Kündigung zu diesem Termin, soweit bekannt ist, von keiner Seite erfolgt ist, hat auch dieser Vertrag jetzt dieselbe Dauer, wie die anderen. Dasselbe ist der Fall bei den später abgeschlossenen Tarifverträgen, und der heute noch gültige ältere Vertrag mit Griechenland ist schon heute täglich mit einjähriger Frist auflösbar. Wir können also zu jedem Tag vom 31. Dezember 1917 an unsere sämtlichen Tarifverträge kündigen.

Durch dieses Zusammentreffen zweier völlig unabhängiger Ereignisse entsteht die Möglichkeit einer vollständigen Neuregelung unserer Handelspolitik. Das ist an sich nichts Neues. Solche „handelspolitische

Kometenjahre" wiederholen sich für uns in regelmäßigen Fristen. Wir haben zu Anfang der neunziger Jahre durch die Caprivischen und vor einem Jahrzehnt durch die Bülowschen Handelsverträge eine solche Neuregelung erstrebt. Trotzdem schafft der Krieg eine Lage, wie sie bisher noch nicht bestanden hat. Denn er streift durch die Macht des Schwertes eine Fessel ab, die im Frieden unlösbar war. Das ist der bald diesseits, bald jenseits unserer Grenze beklagte Artikel 11 des Frankfurter Friedensvertrages von 1871, in dem Deutschland und Frankreich ohne Kündigung sich die Meistbegünstigung versprochen haben. Zum erstenmal kann jetzt in der deutschen Reichspolitik praktisch die Frage aufgeworfen werden, ob das deutsche Interesse heute nicht eine andere Regelung erfordert, als sie vor 44 Jahren auf französische Veranlassung getroffen wurde. Unsere Handelspolitik kann nicht nur geographisch in umfassendster Weise neu geregelt werden — das ist, wie gesagt, auch schon früher der Fall gewesen — sie kann auch sachlich ohne Einschränkung geprüft und umgestaltet werden. Zum erstenmal ermöglicht die vielumfassende und weittragende Frage eine praktische Beantwortung, ob am gesamten Bau unserer Handelspolitik, nicht nur an oft umstrittenen Einzelheiten, sondern an den Fundamenten, die weithin für unverrückbar gelten, weil sie tatsächlich bisher unverrückbar waren, etwas geändert werden soll. So inhalts= und schicksalsschwer ist die handelspolitische Frage — zum mindesten seit 1879 — noch nicht vor das deutsche Volk getreten.

Mit der bisher nie gegebenen Möglichkeit der handelspolitischen Neuordnung, die der Krieg geschaffen hat, verbindet sich zweitens ein durch den Krieg verstärktes Bedürfnis nach solcher Neuordnung. Es bestand freilich zum großen Teil auch schon vorher. Denn aus unab= änderlichen geographischen und geschichtlichen Gründen ist die Er= reichung der Ziele einer jeden Handelspolitik uns Deutschen besonders erschwert. Diese Ziele, die in letzter Linie in „Erhaltung und Neu= beschaffung von Arbeit" auslaufen, sind doppelter Art. Es handelt sich erstens um die Sicherung des inländischen Absatzes. Diese Aufgabe stand bisher nach ihrer sachlichen und politischen Be= deutung voran. Sie bildete vor allem den Mittelpunkt des handels= politischen Streites. Aus diesem Kampf der Theorien und Parteien hat der Krieg sie herausgehoben. Stärker als Lehren es vermögen, hat er ein Verständnis dafür geschaffen, daß wir in allem, das in Krieg und Frieden für den Verbrauch des deutschen Volkes eine größere

Rolle spielt, die Abhängigkeit vom Ausland nach Kräften bekämpfen müssen, daß also für Deutschland doch der scharf umstrittene Satz weitgehende Geltung hat, daß der Schutz des inneren Marktes sich auf die gesamte inländische Erzeugung erstreckt.

Hat somit auch sachlich diese erste Aufgabe durch den Krieg eine Verbreiterung ihrer Bedeutung im einzelnen vielleicht erfahren, so kann das doch im allgemeinen kaum behauptet werden. Denn je mehr die Wirtschaftskraft eines Volkes erstarkt, um so mehr mindert sich im allgemeinen die Dringlichkeit dieser Aufgabe. Der gewaltige Aufschwung, den das deutsche Wirtschaftsleben in den letzten Jahrzehnten genommen hat, drängt sie stärker zurück. Allerdings fragt es sich, wieweit diese Fortschritte in der Erzeugung einen Ausgleich in gleichzeitigen Fortschritten im Verkehrswesen gefunden haben. Denn je mehr diese die Transportkosten von ihrer ursprünglichen Bedeutung verlieren lassen, um so mehr wächst das Bedürfnis, den natürlichen Transportschutz durch einen künstlichen Zollschutz zu ersetzen. Doch spricht vieles dafür, daß wir auf dem Gebiete des Binnentransportes einem Höhenpunkte der Entwicklung nahe sind. Im Eisenbahnwesen ist schon durch die unabänderliche Enge der Spur, in der Binnenschiffahrt durch die begrenzte Fahrtiefe der Weiterentwicklung eine Schranke gezogen. Ungehemmter kann auf der weiten Fläche des tiefen Meeres der Gedanke des Großbetriebes technisch und wirtschaftlich sich entfalten. Dieser Vorzug der Seeschiffahrt kommt England für die Versorgung des eigenen, wie des fremden, insbesondere deutschen Marktes vielfach zugute. Nach manchen wichtigen deutschen Verbrauchsplätzen kann der englische Produzent billiger als der deutsche seine Güter verfrachten. Ja, da die Frachtseeschiffahrt in den englischen Händen, in denen sie weitüberwiegend sich befindet, von dem neuzeitlichen Bestreben der Rationalisierung in Anlage und Betrieb wenig berührt worden ist, kann das vielleicht in der Zukunft noch stärker als in der Vergangenheit hervortreten. Auch wenn die vielerörterten Einzelvorteile der englischen Erzeugung schwinden sollten, würden doch Englands dauernde Transportvorteile die Sicherung des inländischen Marktes als eine wichtige Aufgabe der deutschen Handelspolitik erhalten.

Wichtiger ist heute die zweite Aufgabe, die Sicherung des ausländischen Absatzes. Denn auf der Wahrung und Erweiterung dieses Absatzes beruht für das deutsche Volk schließlich die Möglichkeit, seine

Stellung in der Welt zu behaupten und weiter auszubauen. Wird diese Möglichkeit durch dauernde Minderung des Auslandabsatzes uns geschmälert, so endet der Krieg, trotz aller Siege, für uns mit einem Mißerfolg, wie ihn die Engländer, freilich in bedeutend höherem Maße, erstrebten. Aber so wichtig diese Aufgabe ist, so schwierig ist sie auch. Schon vor dem Kriege waren die Schwierigkeiten groß, und durch ihn sind sie noch weiter gewachsen.

Schon die Verbindung beider Aufgaben stellt eine Erschwerung dar. Länder, die ganz e i n e r Aufgabe sich widmen können, wie auch Deutschland noch vor etwa zwei Jahrzehnten, können einer Einfachheit und Einheitlichkeit ihrer Handelspolitik sich erfreuen, wie sie uns für alle Zeiten verloren gegangen ist. Wir müssen heute — das ist eine unabweisliche Folge unserer Lage und Entwicklung — beide Aufgaben miteinander verknüpfen. Ist das auch nicht leicht, so geht es doch viel zu weit, es als unausführbar zu bezeichnen. Beide Aufgaben sind, so oft es auch bestritten worden ist, miteinander vereinbar. Denn einmal brauchen sie sich nicht oder wenigstens nicht in gleichem Maße auf dieselben Güter zu beziehen. Es bildet sich vielmehr in weitem Umfange eine natürliche Arbeitsteilung heraus. Für die Produktionszweige, in denen ein Volk dank seiner Veranlagung und Erziehung, natürlicher Vorzüge seines Landes, sowie alter Traditionen besonders Tüchtiges leistet, gilt es, die fremden Märkte möglichst offen zu halten, während jenen, in denen diese Vorzüge nicht, vielleicht noch nicht sich zeigen, wenigstens in unserem Markt eine ausreichende Grundlage für die volle Ausgestaltung leistungsfähiger Großbetriebe zu sichern ist.

Ebensowenig wie im Zweck, liegt auch in den Mitteln ein unlösbarer Widerspruch. Hoffentlich wird der Krieg und was ihm folgen wird auch mit dem lange sich hinschleppenden Irrtum aufräumen, daß ein Schutzzollsystem an sich die ausländische Absatzsicherung verhindere. Diese Ansicht ist noch ein Überbleibsel jenes alten Cobdenschen Optimismus, für den seinerzeit vielerlei Gründe angeführt werden konnten, die inzwischen nicht nur fortgefallen sind, sondern ins Gegenteil sich gewandelt haben, daß nämlich durch das gute Beispiel in der Handelspolitik vor allem zu wirken sei. Heute sind wir auch hier nüchterne Machtpolitiker geworden. Wir wissen, daß die nötige Sicherung nicht als Geschenk gewährt wird, sondern erworben, oft erzwungen werden muß. Die nötigen Erwerbs- und Druckmittel kann aber allein ein Schutzzolltarif liefern. Diese Erkenntnis hat sich in den letzten Jahren in England immer mehr verbreitet. Sie macht es weit mehr, als der zollpolitisch unfruchtbare Gedanke der „Imperial Federation", nicht unwahrscheinlich, daß England mit der Handelspolitik, die es sieben Jahrzehnte befolgt hat, bricht. Denn ein Freihandelsland ist in der Sicherung seines ausländischen Absatzes auf den guten Willen der anderen angewiesen. Es kann weder Vorteile gewähren, noch Nachteile zufügen. Schwindet der gute Wille, so befindet es sich in einem Zustand der Hilflosigkeit, den England schon bisher oft bitter empfand. Solange es für seine Haupterzeugnisse einer monopolistischen Stellung und der Traditionen des Wohlwollens aus alter Friedenszeit sich erfreuen konnte, blieb dieser Zustand latent und ließ sich ertragen. Aber die alten Qualitätsmonopole der englischen Industrie und mit ihnen die alten Vorurteile für ihre Erzeugnisse sind im Schwinden und der gute Wille ist verscherzt. Damit wird der Zustand der handelspolitischen Hilflosigkeit, über den man schon lange, auch ohne bestimmten Anlaß, viel geklagt hat, zur allgemein fühlbaren Wahrheit. Nicht in erster Linie zur Sicherung des inneren Absatzes streben viele und einflußreiche Kreise in der englischen Politik zu einem Schutzzolltarif. Im Gegenteil, im inneren Markt wurzeln schwere Bedenken für das englische Denken. Man empfindet es als beschämend, daß die älteste Industrie der Welt, die bis in die Gegenwart hinein sich allerseits rühmte, „die Werkstatt der Welt" zu sein, zu Mitteln greift, die zur Entwicklung neuer und junger Industriezweige bestimmt sind. Was zur Entfaltung ungeübter Kräfte dienlich ist, ist nicht geeignet zur Bekämpfung von Altersschwäche; ist zum Erstarken junger Keime Ruhe nötig, so vermag nur ein stark aufrüttelnder Ansporn, wie ihn eine rührige Konkurrenz bedeutet, die selbstzufriedene Bequemlichkeit des gesättigten Alters zu überwinden. Gesellt man zu abnehmendem Tatendrang noch künstliche Ruhe, so verbessert man nicht die Lage, sondern verschlimmert sie. Aus solchen, mehr dunkel empfundenen, als klar durchdachten Erwägungen heraus, erstrebt man im allgemeinen einen Schutzzolltarif nicht als Sicherheitsmittel für den inneren Markt. Mit Rücksicht auf den Auslandmarkt wendet man ihm vielmehr in wachsendem Maße sein Interesse zu. Man will das peinliche Gefühl handelspolitischer Hilflosigkeit los werden. Wie man militärisch zu immer umfassenderen Rüstungen übergegangen ist, so scheint man sich jetzt auch auf dem Gebiet der friedlichen Regelung der internationalen Beziehungen dazu entschließen zu wollen. Der

Prozeß der Kontinentalisierung der englischen Politik, der schon im Frieden begonnen hatte, hat durch den Krieg eine gewaltige Förderung und Beschleunigung gefunden. Darin liegt aber ein schlagender Beweis dafür, daß ein Schutzzolltarif nicht den Abschluß von Tarifverträgen hindert. In Zeiten allgemeinen Freihandels, in denen man beweislos in jeder Zollminderung an sich einen Fortschritt erblickt, bedarf man für den Auslandabsatz zwar nicht solcher Mittel. In Zeiten, in denen aber eine immer mehr sich verbreitende Industrialisierung allgemein eine entgegengesetzte Tendenz der Zollsteigerung hervorbringt, muß man auch hier danach trachten, dem aus starken Lebensinteressen hervorwachsenden Willen wirksamen Nachdruck verschaffen zu können. Nur ein eigener Schutzzolltarif, der Möglichkeiten der Begünstigung wie der Benachteiligung bietet, gibt die Kraft, die nötige Sicherung des ausländischen Absatzes auch gegenüber einer widerstrebenden Welt sich zu erzwingen.

Ist es somit auch eine kurzsichtige Verkennung anzunehmen, daß Schutzzoll und Ausfuhrförderung wie feindliche Brüder sich gegenüberstehen, so ist es doch sicher, daß die wirksame Verbindung der beiden Aufgaben der Handelspolitik, die Sicherung des inländischen und des ausländischen Absatzes, für Deutschland wegen der Eigenart seines Wirtschaftslebens besonders schwierig ist. Diese Eigenart ist die Vielseitigkeit seiner Wirtschaft. Sie ist nicht etwa das Ergebnis einer übertriebenen Vielgeschäftigkeit, wie unsere Feinde gern glauben machen möchten, oder einer kurzsichtigen Handelspolitik, wie einheimische Gegner unserer Schutzzollpolitik oft lehren, sie ist vielmehr zunächst mit Notwendigkeit aus der Lage des Weltmarktes, auf dem England seinen zeitlichen Vorsprung ausgenutzt hat, erwachsen, und ist jetzt im Kriege, der zum erstenmal im großen die wirtschaftliche Konsequenz aus unserer gefährlichen Lage inmitten des europäischen Festlandes gezogen hat, als ein großer sorgsam zu wahrender Vorzug dem ganzen Volk zum Bewußtsein gekommen. Die geschichtlich erwachsene, durch die reiche Bildung unserer Bevölkerung ermöglichte Vielseitigkeit unserer Wirtschaft dürfen wir nie wieder preisgeben. In ihr übertreffen wir heute alle anderen großen Länder. In der Vielseitigkeit seiner Produktion steht Deutschland unerreicht da. Von den beiden allein vergleichbaren Ländern bleibt England in dieser Hinsicht hinter Deutschland zurück, weil es seine Landwirtschaft seiner Industrie und seinem Handel geopfert hat, und die nordamerikanische Union, weil sie zwar beide

Produktionszweige nebeneinander kraftvoll entwickelt, aber in beiden im allgemeinen nicht den Grad intensiven Betriebs erreicht hat, den die höhere Volksbildung uns ermöglicht. Wir allein unter allen Völkern haben nicht nur beide Produktionszweige zu schützen, sondern außerdem eine Industrie, die nicht aus wenigen großen Stapelartikeln, wie die englische, sondern aus dem bunten Vielerlei der „german articles", über die die Engländer einst so viel gespottet haben, sich zusammensetzt. Solche Vielseitigkeit, das Erzeugnis wirtschaftlicher Kraft, ist ein Moment handelspolitischer Schwäche. Jede Einseitigkeit der Entwicklung erleichtert die politische Lage bei Tarifverhandlungen. Denn die Erwerbszweige, die noch nicht entwickelt werden können oder preisgegeben worden sind — wichtige Industrien in Agrarländern und die Landwirtschaft im Industrie- und Handelsland England — bilden an sich wirksame Kompensationsobjekte. Je vielseitiger das Wirtschaftsleben ist, um so mehr wachsen die taktischen Schwierigkeiten. Für die Kompensationsobjekte, welche die natürliche Entwicklung versagt, muß künstlich Ersatz geschaffen werden. Schon aus diesen allgemeinen Gründen hat kein Land es nötig, seine handelspolitische Rüstung in größter Sorgsamkeit so vollständig und wirksam wie nur möglich zu gestalten.

Das gilt um so mehr, als zur handelspolitischen Schwäche der Vielseitigkeit noch eine zweite hinzukommt. Nicht alle Erzeugnisse sind in gleicher Weise einer Zollbelastung zugänglich. Das Maß der Entbehrlichkeit schafft vielmehr große Unterschiede. Je unentbehrlicher ein Gut ist, um so wahrscheinlicher ist es, daß sein Verbraucher im Einfuhrland einen daraufgelegten Einfuhrzoll zu zahlen hat. Schon das eigene Interesse verbietet ein solches Gut mit hohem Zoll zu belasten. Diese Mäßigung braucht nicht erst erkauft zu werden. Die offene Tür wird auch ohne Einschreiten nicht zugeschlagen. Die Ausfuhr unentbehrlicher Güter braucht man nicht zu sichern; für sie sind Kompensationsobjekte nicht zu schaffen.

Im allgemeinen kann man sagen, daß Lebensmittel und Rohstoffe unentbehrlicher sind als Fabrikate. Daraus ergibt sich für Einfuhrländer, daß ihre handelspolitische Machtstellung keineswegs, wie oft angenommen worden ist, der Größe ihrer Einfuhr entspricht. Deutschland ist zwar im Welthandel nach England der größte Käufer, aber in demselben Maße, wie seine Einfuhr aus schwer entbehrlichen Rohstoffen und Lebensmitteln sich zusammensetzt, besteht sie aus Waren, die nicht als handelspolitische Kompensationsobjekte betrachtet werden können. Seine Ausfuhr ist an sich angreifbarer als seine Einfuhr und bedarf daher aller künstlichen Schutzmittel, die zu erlangen sind. Aus der gleichen Tatsache erklärt es sich, daß Agrarländer sich regelmäßig weniger besorgt um ihre Ausfuhr zeigen als Industrieländer. Für sie steht die Sicherung des inländischen Marktes regelmäßig einseitig im Vordergrund; ohne Rücksicht auf das Ausland können sie in der Ausgestaltung ihres Zollwesens vorgehen. Sie brauchen sich keinen Verhandlungstarif zu schaffen, sondern können sich begnügen, alle Zollsätze von vornherein allein den Bedürfnissen des inländischen Marktes anzupassen. In Ausnahmefällen, in denen es sich um wenig entwickelte Länder handelt, können sie sich sogar volle Freiheit nicht nur in der Zollhöhe, sondern auch in der Zollunterscheidung bewahren, indem sie darauf verzichten, die Meistbegünstigung, die ihnen kaum weitergehende Vorteile, als die Lage bereits an sich gewährt, bietet, zu erwerben, wie es in Amerika Brasilien, Peru, Costarica und Kuba Deutschland gegenüber getan haben. Eine bedrohliche Stärke kann aber erwachsen, wenn mit einer großen Agrarausfuhr eine zunehmende Ausfuhr von Industrieerzeugnissen sich verbindet. Diese Verbindung ermöglicht es, als Fordernder auf dem Gebiete der Handelspolitik aufzutreten. Auch dieser natürliche Vorzug eines unserer stärksten Konkurrenten auf dem Weltmarkt muß uns zur Mahnung werden, nichts in unserer handelspolitischen Rüstung zu versäumen.

Diese dauernden Schwierigkeiten der handelspolitischen Lage Deutschlands erfahren durch den Krieg eine bedeutende Steigerung.

Zunächst hat der Krieg nicht nur bei allen unmittelbar Beteiligten, auch den Siegern, sondern auch in allen neutralen Ländern, die nicht an Kriegslieferungen skrupellos sich bereichern wollen oder können, eine Minderung der Kaufkraft zur Folge, wie sie die Welt noch nie erlebt hat. In den kriegführenden Staaten wird das durch einen außerordentlich dringenden Bedarf umfassendster Art zum Teil ausgeglichen, in den neutralen Staaten, insbesondere den südamerikanischen, macht sich das aber ohne Ausgleich geltend. Die schwere Wirtschaftskrisis, die der Krieg fast in der ganzen Welt hervorgerufen hat, wird mit dem Friedensschluß wohl in einzelnen Zweigen ins Gegenteil umschlagen, im allgemeinen aber noch lange nachwirken.

Zweitens wird der verringerten Nachfrage mehrfach ein neues Angebot gegenübertreten. Die Pläne und Versuche unserer Feinde, im Schutze des Krieges nach deutschem Vorbild mit allen Mitteln un-

lautersten Wettbewerbes auf eigenem Boden neue Industrien hervorzu=
rufen, zu deren Begründung die Schaffenskraft unter Beachtung von
Recht und Anstand nicht ausreicht, kommen dabei aller Wahrscheinlich=
keit nach kaum in Betracht. Wichtiger ist es jedenfalls, daß die Ver=
einigten Staaten die Zeit der Lahmlegung Deutschlands und größten=
teils auch Englands systematisch dazu benutzen, ihrem panamerikanischen
Ehrgeiz, unter Verwertung einer hetzerischen Presse, auf dem Gebiete
des Wirtschaftslebens zu fröhnen. In Süd= und Mittelamerika wird ihr
Wettbewerb nach dem Kriege stärker, als vorher, sich geltend machen.

Vor allem ist aber durch den Krieg das Vertrauen, auf dem gerade
der Außenhandel in so hohem Maße sich aufbaute, in weiten Gebieten
in fast hoffnungsloser Weise erschüttert worden. Ungezügelter Haß ist
an die Stelle getreten und mit dem Frieden, der mehr erzwungen
werden muß, als gewährt werden wird, zieht noch nicht Friedfertigkeit
wieder ein in die Herzen der Menschen. Der Haß wird dem Sieger
gegenüber lebendig bleiben. Die Welt wird daher nach dem Kriege für
uns Deutsche anders aussehen als bisher. Ihre Anziehungskraft wird
in weiten Teilen sich gemindert haben. Die Erfahrungen des Krieges
werden insbesondere den Entschluß erschweren, bei hohen Einfuhrzöllen
des Auslandes Fabrikanlagen in fremdem Lande ins Leben zu rufen.
Dieses Mittel der Milderung einer feindlichen Handelspolitik hat durch
den Krieg an Brauchbarkeit viel eingebüßt. Aber auch sonst wird auf
vieler Seiten mit dem früher üblichen Entgegenkommen nicht mehr
gerechnet werden können. Was wir viereinhalb Jahrzehnte von Frank=
reich erlebten, wird jetzt in weiteren Kreisen mehr oder minder sich
wiederholen. Ja, da wirtschaftliche Gründe beim Entstehen des jetzigen
Krieges in so hohem Maße beteiligt waren, sind Bestrebungen weit
allgemeiner und stärker, als je zuvor, tätig, den Krieg, wenn er mit
den Waffen das Ziel der Zertrümmerung der deutschen Volkswirtschaft
nicht erreicht, auf dem Gebiete des Handels fortzuführen. Diesen un=
ermüdlichen und skrupellosen Bestrebungen, die in erster Linie in der
Handelspolitik Betätigung suchen werden, müssen wir mit Hilfe einer
handelspolitischen Neuregelung, wie sie uns heute ermöglicht ist, be=
gegnen. Die glückliche Gelegenheit dazu muß ausgenutzt werden, und
zwar alsbald, da unsere Industrie gerade zu Anfang, wenn sie alle
ihre Rohstofflager zu vervollständigen und aus dem Kriegszustand in
den Friedenszustand zurückzufinden hat, besonders schutzbedürftig ist.
Mit allen Mitteln müssen wir unsere Abwehrkraft gegenüber handels=

politischen Angriffen vergrößern. Das ist in der Handelspolitik unsere erste und wichtigste Aufgabe. Nur wenn es uns gelingt, schweren handelspolitischen Schädigungen vorzubeugen, können wir die Stellung in der Weltwirtschaft uns zurückerobern, die uns zu bewahren zu den Lebensinteressen unseres Volkes gehört.

II.

Wie der Krieg eine bisher versagte Möglichkeit der handelspolitischen Neuregelung geschaffen und das Bedürfnis dazu bedeutend verschärft hat, so wirkt er auch in einer dritten Beziehung handelspolitisch ein. Er hat die beiden europäischen Zentralmächte durch gewaltiges Erleben in Leid und Freud weit enger geeint, als es schon durch die Jahrzehnte alten und bereits im Frieden oft bewährten Verträge geschehen war. Nicht nur politisch und militärisch, sondern auch wirtschaftlich hat er beide Länder auf die eigene Kraft und gegenseitige Hilfe angewiesen, indem er sie vom Weltverkehr abschloß. Was sonst das Ausland dem Deutschen Reich im Werte von 10770 Mill. Mk. (1913) und dem sehr viel weniger in die Weltwirtschaft verflochtenen Österreich=Ungarn im Werte von 2885 Mill. Mk. (1913) leicht und billig lieferte, haben jetzt beide überwiegend im eigenen Lande zwar nicht immer ganz so reichlich und so billig und so gut, aber doch ausreichend und vereinzelt sogar besser hervorgebracht.

Diese Bande, die durch Voraussicht und Not geknüpft worden sind und sich in glänzender Bewährung verstärkt haben, zu wahren und weiter zu festigen, wird in beiden verbündeten Ländern als wichtige Existenzfrage erkannt. Der Zusammenhalt muß noch dauerhafter gestaltet und gleichzeitig die zusammengeschlossene Kraft noch möglichst gesteigert werden. Nicht nur am eigenen Gedeihen, sondern auch an dem des anderen hat jeder der beiden Bundesgenossen ein Lebensinteresse. Wird der eine in seiner Wirtschaftskraft empfindlich geschädigt, verliert beispielsweise die österreich=ungarische Industrie ihre Entwicklungsmöglichkeit oder die deutsche Industrie ihren bisherigen gewaltigen Absatz auf dem Weltmarkt, so muß darunter auch der andere leiden. Diese ungewöhnliche Erkenntnis von der weitgehenden Interessengemeinschaft beider Länder ist so tief und eindrucksvoll in die Seelen beider Reichsangehöriger eingeprägt worden, daß über dieses große gemeinsame Ziel keine weiteren Worte verloren zu werden brauchen. Es fragt sich nur, mit welchen Mitteln es zu erstreben ist.

Ohne weiteres wird meist angenommen, daß dieses Mittel vor allem das Zollwesen ist. Es soll nicht nur den bisher einseitig politischen Bund „tiefer verankern" und beide Reiche, deren Söhne im Kriege Schulter an Schulter den beiderseitigen Heimatboden verteidigt haben, durch eine gemeinsame Wirtschaft auch im Frieden miteinander „organisch verbinden"; es soll zugleich auch „die beiden Volkswirtschaften auf eine höhere Stufe der Leistungsfähigkeit heben", vor allem den schwächeren Wirtschaftskräften unseres verbündeten Nachbarn jenen organisatorischen Halt und vorwärtsdrängenden Geist vermitteln, die als Früchte des Krieges von 1870/1871 im geeinten Deutschen Reich so vorbildlich entwickelt worden sind. Die voraussetzungslose Wissenschaft darf an der Frage nicht vorübergehen, ob das Zollwesen jener allgemeinen Annahme gemäß die Kraft auch wirklich besitzt, den aus den Erfahrungen dieses Krieges urwüchsig hervorgegangenen und in schöner Übereinstimmung allseitig gehegten Wünschen Befriedigung zu schaffen. Entspricht das Mittel den hohen Zwecken? Ist auch nicht der Wunsch Vater des bestechenden Gedankens?

Zwischen Politik und Militärwesen auf der einen Seite und Wirtschaft auf der anderen besteht ein tiefgreifender Unterschied. Gegensätze gibt es zwar hier wie dort. Aber schon ihrer Art nach sind sie verschieden. Im Wirtschaftsleben wachsen sie aus seiner gestaltenden Haupttriebkraft, dem Wettbewerb, mit sachlicher Notwendigkeit hervor, während sie auf dem politisch-militärischen Gebiet mehr eine aus der Unvollkommenheit der Menschennatur fließende unerwünschte Zutat darstellen. Hier verhindern sie vor allen Dingen nicht eine Einheitlichkeit des Willens; sie betätigen sich im wesentlichen nur in der Schaffung dieses übergeordneten Willens, der sie ausgleicht und niederzwingt zur Unterordnung unter das gemeinsame Ziel. Im Wirtschaftsleben dagegen ringen die Gegensätze um einen Anteil an der Macht. Der Widerstreit ist hier Selbstzweck. Er wird nicht niedergehalten durch eine einheitliche und übergeordnete Organisation. Der menschliche Wille mildert hier deshalb nicht die vorhandenen Gegensätze, sondern verschärft sie. Unvermittelt bleiben sie nebeneinander stehen.

Solche außerhalb des Herrschaftsbereiches des menschlichen Willens liegende tiefwurzelnde Interessengegensätze, wie sie insbesondere auch im vielgestaltigen Wirtschaftsleben der verbündeten Zentralmächte dauernd vorhanden sind, machen sich politisch vor allem auf dem Gebiete des Zollwesens geltend. Der natürliche Widerstreit greift hier von der Wirtschaft hinüber auf die Politik. Darum ist in jedem Lande — je reicher es entwickelt ist um so mehr — die Handelspolitik der Haupttummelplatz der politischen Kämpfe. Wenn man daher ein politisch-militärisches Bündnis mit einem handelspolitischen verkoppelt, trägt man in das freie Herrschaftsgebiet eines einheitlichen Willens die unabwendbaren Interessengegensätze des Wirtschaftslebens hinein. Wie sie überall Erbitterung erzeugen, können sie dann auch auf einem ihnen an sich entrückten Gebiet zum gefährlichen Sprengstoff werden. So kann eine „tiefere Verankerung" des Bundes mittels des Zollwesens den Zusammenschluß, statt stärken, lockern. Mit den neuen äußeren „Klammern" künstlicher Art sind natürliche Zentrifugalkräfte im Innern verbunden. Je loser die beiderseitige wirtschaftliche Verkettung ist, um so leichter kann das politisch-militärische Bündnis vor ihrem zersetzenden Einfluß sich schützen. Je schwieriger die Auflösung ist, um so größer ist die Gefahr, daß jene immer neuen wirtschaftlichen Gegensätze schließlich bestimmend werden für das Ganze des Bundes. In richtiger Erkenntnis dieser Grundnatur aller Wirtschaft hat Bismarck stets den Grundsatz verfochten, Politik und Wirtschaft voneinander getrennt zu halten.

Wie als Bindemittel, ist auch als Erziehungsmittel das Zollwesen von fragwürdiger Brauchbarkeit. Abgesehen von schulartigen Organisationen, ist der große Erzieher im Wirtschaftsleben der Wettbewerb. Auf seine Bildungskraft ist zwar das Zollwesen nicht ohne Einfluß. Es kann sie mindern oder gar ausschalten, es kann sie aber auch zum Höchstmaß ihrer Wirkung entwickeln. Aber diesen Einfluß kann es stets ausüben. Es kann sogar jener vielumstrittenen feinen Grenzlinie, die den Wettbewerb einerseits vor einem niederdrückenden Übermaß und anderseits vor einschläferndem Mangel bewahrt, um so sicherer treffen, je sorgfältiger es den besonderen Verhältnissen eines Wirtschaftsgebiets angepaßt wird. Zu alledem ist aber ein Zollbund nicht nötig. Er kann vielmehr sogar störend wirken, da er durch Rücksichten auf den Bundesgenossen die Möglichkeit der zweckmäßigsten Zollanpassung an die Bedürfnisse des eigenen Wirtschaftslebens mindert.

Auch dem im Interesse beider Bundesgenossen liegenden Wunsch, die Leistungsfähigkeit des österreichisch-ungarischen Wirtschaftskörpers dadurch zu fördern, daß deutsches Kapital ihm in reicherem Maße zugeführt wird, kann das Zollwesen eine befriedigende Erfüllung kaum verschaffen. Das Kapital fließt an sich dorthin, wo es die günstigsten

Verwertungsmöglichkeiten zu finden glaubt. Der Krieg hat hier ändernd eingegriffen, indem er den weiten feindlichen Gebieten die Vorzugsstellung genommen hat, deren sie sich zum beträchtlichen Teil bisher erfreuten. Der Gesichtspunkt der politischen Sicherheit wird nach den Erfahrungen dieses Krieges für lange Zeit bei der internationalen Kapitalverwertung eine größere Rolle spielen als bisher. Das wird dem Wirtschaftsleben unserer Bundesgenossen an sich zugute kommen. Was Feindesland meidet, wird Freundesland aufsuchen. Auf diese allgemeine Wendung hat das Zollwesen keinen entscheidenden Einfluß. Es war zwar in den letzten Jahrzehnten nicht ohne Bedeutung für die ausländische Verwendung deutschen Kapitals. Oft ist die Rede gewesen von der Kapitalauswanderung, welche die wachsenden Schutzzollschranken unserer Abnehmerländer, die Ausfuhr immer mehr hindernd und die Rentabilität der fremden Kapitalanlage steigernd, im Gefolge hatten. Prohibitiv wirkende Schutzzölle schaffen eine Tendenz, Kapitalausfuhr an die Stelle einer gefährdeten Warenausfuhr zu setzen. Solche Entwicklung bei unserem Bundesgenossen zu fördern haben wir sicherlich kein Interesse. Das ist weder unsere noch ihre Absicht.

Man denkt vielmehr an etwas ganz anderes. Die Kapitalverwendung ist bisher in Österreich-Ungarn dadurch manchmal gehemmt, daß es an einem inneren Markt fehlt, der aufnahmekräftig genug ist, um einen Großbetrieb vollkommenster Leistungsfähigkeit zu ermöglichen. Unser befreundetes Nachbarreich bleibt nicht nur in seiner Wohlstandsentwicklung noch beträchtlich stärker, als in seiner Bevölkerungszahl hinter Deutschland zurück, sondern weist auch durch die nationale Buntheit seiner in völlig verschiedenen Lebensverhältnissen und Traditionen aufgewachsenen Bevölkerung eine nach Kraft und Art noch viel stärker differenzierte Nachfrage auf, als der vielgliedrige deutsche Bundesstaat. Stehen wir in dieser Hinsicht schon zurück hinter den Vereinigten Staaten, in denen die gleichmachenden demokratischen Anschauungen, sowie der Mangel an altgefesteten Sitten und Traditionen die Einförmigkeit, die das Land äußerlich kennzeichnet, auch auf das ganze Volksleben übertragen, so bleibt ähnlich hinter uns wieder Österreich-Ungarn zurück. Wir haben eben den großen Vorzug, den aufnahmefähigsten Inlandmarkt in Europa und nach den Vereinigten Staaten den aufnahmefähigsten überhaupt zu besitzen. Das ist die feste Grundlage, auf der wir im Schutze eines verständigen Zollwesens den Großbetrieb auf fast allen Gebieten unseres Wirtschaftslebens zu seinen reiſſten und leiſtungsfähigſten Formen entwickeln konnten. Wir haben dazu ihre Verbreiterung, von kleinen Ausnahmefällen abgeſehen, nicht mehr nötig. Eine gleiche Grundlage fehlt aber vielfach unſeren befreundeten Nachbarn. Ihr eigener Markt reicht nicht aus, einen wirklichen leiſtungsfähigen Bau zu tragen. Darum iſt dort auch — ähnlich wie in Holland und Dänemark — mit dem Schutzzollſyſtem vielfach nichts auszurichten. Es belaſtet nur den Verbrauch, ohne zur Erzeugung zu reizen. Daher iſt es ein begreiflicher Wunſch unſerer Bundesgenoſſen, an unſerem grundlegenden Vorzug, einen für jeden Großbetrieb ausreichenden inneren Markt zu beſitzen, teilzunehmen. Auch wir haben ein Intereſſe daran, daß der öſterreichiſch-ungariſche Wirtſchaftskörper in dieſer Richtung möglichſt erſtarkt, aber ob eine Vereinheitlichung des Marktes beider Länder dieſes Ziel erreichen kann, iſt doch wiederum ſehr fraglich. Denn wo Deutſchland eine entſprechende Induſtrie, wie Öſterreich-Ungarn, nicht zu ſchaffen vermag, iſt der Abſatz auch bereits heute im Deutſchen Reich möglich. Wo dagegen, wie in der Regel, ſolche Vorzugsſtellung fehlt, bedeutet die Vergrößerung unſeres Nachbarmarktes durch den unſeren zunächſt nur einen verſchärften Konkurrenzkampf, in dem der Stärkere ſelbſt dort, wo Kartelle regelnd eingreifen, den Sieg davontragen und der Schwächere ſeinen Groll und ſeine Erbitterung gegen die neue Einrichtung, auf die er ſeine enttäuſchten Hoffnungen mit mehr oder minder Recht zurückführt, wenden wird. Feſtigend auf den Bund wird auch eine ſolche Entwicklung nicht wirken. Auch als Mittel, die hemmende Beſchränktheit des inneren Marktes unſeres Bundesgenoſſen zu überwinden, dürfte das Zollweſen nicht ſich bewähren.

Aber zur Verſelbſtändigung in der Verſorgung mit Lebensmitteln und Rohſtoffen wird der Zuſammenſchluß doch — ſo meint man — bedeutſam beitragen können! Daß ſolches Streben, in einer Reihe wichtiger Waren uns vom unſicheren Ausland unabhängiger zu machen, durch den Krieg eine nachhaltige Stärkung erfährt, iſt unbeſtreitbar. Der Wille des ganzen Volkes wird nach dieſem erſt jetzt voll erfaßten Ziele drängen. Auch muß zugegeben werden, daß Öſterreich-Ungarn und Deutſchland in ihrer Erzeugung ſich verſchiedentlich ergänzen. Kann unſer Nachbarland auch nicht mehr im ganzen einfach als Agrarland bezeichnet werden, ſo ſpielt doch in ihm die Bodenerzeugung gegenüber dem Gewerbeweſen eine erheblich viel größere Rolle als bei uns. Das zeigt ſich deutlich im Handel beider Nachbarländer. In der deutſchen

Einfuhr aus Österreich-Ungarn haben die landwirtschaftlichen Erzeugnisse 1913 von einem Gesamtwert von 827 Mill. Mk. 457 Mill. Mk. oder 58% ausgemacht; während umgekehrt in der deutschen Ausfuhr dorthin gewerbliche Erzeugnisse nicht weniger als 713 Mill. Mk. von 1105 Mill. Mk. oder fast 65% für sich in Anspruch nahmen. In landwirtschaftlichen Erzeugnissen war die Einfuhr Deutschlands aus seinem Nachbarlande zweieinhalbmal so groß, wie seine Ausfuhr dorthin, und in gewerblichen Erzeugnissen erreichte umgekehrt die deutsche Ausfuhr nach Österreich-Ungarn den dreifachen Betrag der von dort kommenden Einfuhr. Diese beträchtliche Einfuhr landwirtschaftlicher Erzeugnisse erklärt sich zum großen Teil aus einem geringeren Verbrauch unseres Nachbarreiches. Aber es gibt doch auch heute Zweige der österreichisch-ungarischen Landwirtschaft, die eine Überlegenheit über der unsrigen aufweisen. In Tieren und tierischen Erzeugnissen, die die Hälfte unserer landwirtschaftlichen Einfuhr aus Österreich-Ungarn ausmachen (228 von 457 Mill. Mk.), gibt uns unser Bundesgenosse zum Teil unzweifelhaft von seinem zwar nicht absolut aber wohl relativ größeren Reichtum ab; blieb sein Rindviehbestand auch im ganzen um $3^{1}/_{2}$ Millionen Köpfe hinter dem deutschen zurück, so zählte er 1910 doch 33 Stück auf 100 Einwohner gegen 30 zwei Jahre darauf in Deutschland. Im Weizenbau hatte er 1912 mit 6,9 Mill. t sogar absolut beträchtlich mehr als Deutschland mit 4,4 Mill. t aufzuweisen, doch wird das aufgewogen durch eine sehr viel geringere Roggenerzeugung (4,3 Mill. t gegen 11,6 Mill. t), so daß Österreich-Ungarn in Brotgetreide im ganzen absolut wie relativ hinter Deutschland nicht unbeträchtlich zurücksteht. Nur im Gerstenbau ist die Lage anders. Bei ungefähr gleichen absoluten Beträgen hat Österreich-Ungarn 1912 mit 70 kg auf den Kopf der Bevölkerung 12 kg mehr als Deutschland aufzuweisen.

Ob der Rindviehzucht und dem Gerstenbau als drittes Gebiet, in dem unser Bundesgenosse reicher ist als wir, die Forstwirtschaft angeschlossen werden kann, ist fraglich. Tatsache ist es, daß Österreich-Ungarn uns Holz, und zwar vor allem unbearbeitetes Holz als Rohstoff für unsere Sägemühlen in großen Mengen liefert (1913 für 68,7 Mill. Mk.), doch besteht Streit darüber, ob das auf Grund eines rationellen Forstbetriebes oder mittels Raubwirtschaft geschieht. Jedenfalls ist heute der quantitative Vorsprung Österreich-Ungarns in der Land- und Forstwirtschaft, selbst wenn man Hühnerzucht und Obstkultur hinzuzählt, nicht beträchtlich, sogar in starker Abnahme unverkennbar begriffen. Wenn im Gegensatz zur deutschen Ausfuhr nach Österreich-Ungarn, die von 486 Mill. Mk. in 1900 auf 1105 Mill. Mk. in 1913 angewachsen ist, die deutsche Einfuhr dorther sich in der gleichen Zeit nur von 704 auf 827 Mill. Mk. gehoben hat und damit die österreichisch-ungarische Handelsbilanz, wie im ganzen, auch im Verkehr mit Deutschland aus einer ausgesprochen aktiven in eine schnell fortschreitend passive plötzlich sich gewandelt hat, so erklärt sich das vor allem daraus, daß die wachsende Wohlstandsentwicklung Österreich-Ungarns seine Ausfuhr an landwirtschaftlichen Erzeugnissen durch eine gesunde Zunahme des Eigenbedarfs an Rohstoffen und Lebensmitteln einschnürt, gleichzeitig aber auf die überwiegend aus gewerblichen Erzeugnissen bestehende deutsche Einfuhr nicht nur nicht hemmend, sondern steigernd wirkt.

Die große Frage ist aber, ob das in der Zukunft so bleiben wird. Die Möglichkeit einer Änderung ist nicht ganz zu bestreiten. Vergleicht man nämlich die Landwirtschaft in den beiden Nachbarreichen, so zeigt sich, daß sie jenseits der Grenze im ganzen auf einer sehr viel niedrigeren Stufe der Intensität steht als diesseits derselben. Schon die landwirtschaftlich benutzte Fläche ist, trotz einer um 15% (8,5 Mill. ha) größeren Gesamtfläche, um 6% (2,2 Mill. ha) geringer, ja macht in Ungarn sogar nur 44% gegenüber 61% in Österreich und 65% in Deutschland aus. Selbst wenn man Gebirge und Steppen in Betracht zieht, liegen hier neue Entwicklungsmöglichkeiten vor. Wichtiger aber ist, daß auf der gleichen Flächeneinheit beiderseits so ganz verschiedene Erträge erzielt werden; ist doch 1912 in Weizen der Durchschnittsertrag auf den Hektar in Deutschland 22,6, Österreich 15,0, Ungarn 12,7 dz gewesen und fast ebenso verhielt es sich mit dem Roggen (18,5 — 14,6 — 11,6 dz). Dieses allerdings bemerkenswerteste Zahlenbeispiel zeigt, daß, wenn dieselben Kräfte, die seit Jahrzehnten in Deutschland tätig sind, auch im Nachbarreich ihr Werk nachhaltig beginnen, ein verfügbarer Überschuß an Lebensmitteln und Rohstoffen hervorgebracht werden kann, der beide Bundesgenossen zusammen in beträchtlichem Maße vom übrigen Ausland unabhängig machen kann.

Aber wir haben Verselbständigungsmöglichkeiten auch noch auf dem eigenen Boden. Nach drei Richtungen hin sind sie von besonderer Bedeutung. Erstens werden wir dem Roggen möglichst den alten Platz in der Volksernährung, den der Krieg ihm plötzlich wieder eingeräumt hat, erhalten müssen. Den Kampf gegen den immer stärker sich ausbreitenden Luxusverbrauch des Weizens sollten wir auch über den Frieden hinaus mit Energie fortsetzen. Zwar hat unsere Seeschiffahrt darunter ein wenig zu leiden, wenn für sie Roggen als Ausfuhrgut fortfällt und Weizen als Einfuhrgut sich mindert, aber der Krieg hat der Mühe des Beweises enthoben, daß der Gesichtspunkt der Volksernährung eine übergeordnete Bedeutung beanspruchen darf. Diese erste Verselbständigungsaufgabe würde aber durch einen Zusammenschluß mit Österreich-Ungarn gefährdet werden. Denn steigerungsfähig ist dort vor allem der Weizenbau, insbesondere in der ungarischen Ebene. Erstrebten wir die weitere Verselbständigung im Brotgetreide mit Hilfe unseres Bundesgenossen, so würden wir hier auf die vorliegenden eigenen Verbesserungsmöglichkeiten verzichten, den Weizenverbrauch stärken und doch unserer Schiffahrt ein wichtiges Einfuhrgut, das billige Rückfracht schafft für unsere Ausfuhr, entziehen.

Auch in der zweiten Richtung fehlt es nicht an Bedenken. Am fühlbarsten ist der Mangel während des Krieges auf dem Gebiet der Futtermittel hervorgetreten. Hier wird man an erster Stelle im Frieden abhelfend einzugreifen haben. Unter den Futtermitteln, nach denen wir einen so hohen Bedarf haben, steht voran die Futtergerste. Den deutschen Gerstenbau zu heben, wird die deutsche Landwirtschaft mit Recht als eine ihrer vaterländischen Pflichten nach dem Kriege betrachten. Die Erfüllung dieser neuen Aufgabe wird um so mehr erschwert werden, je mehr wir die Einfuhr von Gerste aus unseren Nachbargebieten erleichtern. Darum ist auf deutscher Seite eher als mit einer Herabsetzung des Gerstenzolles, mit einer Heraufsetzung des Futtergerstenzolles auf die Höhe des Malzgerstenzolles zu rechnen, wodurch auch eine Quelle unerfreulichster Streitigkeiten glücklich verstopft werden würde.

Endlich ist ein Verselbständigungsbedürfnis besonders stark bei Textilfasern jeglicher Art hervorgetreten. Unsere eigene Erzeugung ist hier auf keinem Gebiet nennenswert. Der Krieg hat unzweifelhaft eine gewisse, nicht unbedenkliche Einseitigkeit in unserer Entwicklung aufgedeckt und insbesondere auf den Hanf- und Flachsbau die Aufmerksamkeit weiter Kreise gerichtet. Es sieht heute so aus, als ob mit gutem Grunde und nicht ohne Aussicht auf Erfolg die deutsche Landwirtschaft hinfort sich auch nach dieser Richtung stärker betätigen würde. Auch da würde ein engerer Zusammenschluß mit unserem Nachbarlande ein Hemmnis wahrscheinlich bedeuten.

Wenn dem Deutschen Reiche Möglichkeiten der Verselbständigung aus eigener Kraft fehlten, dann würde es ein besonders wichtiges Ziel unserer Politik sein müssen, die Selbständigkeit, die wir allein uns nicht erringen können, uns wenigstens mit Hilfe unserer Bundesgenossen zu schaffen. Da das nicht der Fall ist, muß doch die Aufgabe nationalen Charakters einen Vorrang vor der gleichen Aufgabe internationalen Charakters beanspruchen. Wie weit aber eigene Entwicklungsmöglichkeiten sich uns bieten, hängt nicht allein von der Vergangenheit, sondern auch von der Zukunft ab. Es ist zu hoffen, daß die opferreichen Siege die „agrarische Basis" unserer Volkswirtschaft, insbesondere im Osten, durch Siedlungsland verbreitern. Dann wächst die Möglichkeit, empfindliche Lücken in unserer Gütererzeugung auszufüllen, entsteht aber zugleich die Notwendigkeit, unsere Handelspolitik nicht nur zuzuschneiden auf hochentwickelte widerstandsfähige Wirtschaftszweige, sondern auch auf junge schwache Reiser, die unter den schwierigsten Verhältnissen erst mühsam herangezogen werden müssen. Könnten wir auch sonst auf Schutz verzichten, hier wird er für uns vielfach unentbehrlich bleiben.

Man erstrebt aber eine wirtschaftliche „Autarkie" nicht nur in der Einfuhr, sondern nicht minder auch in der Ausfuhr. Man möchte ein „geschlossenes Handelsgebiet", „das in möglichst weitgehendem Maße sich selbst genügt", bilden, Deutschland auch in der Ausfuhr „auf eigene Füße stellen", und damit einen „Ersatz" schaffen für den gefährdeten Absatz im übrigen Ausland. Es ist keine Frage, daß es ein gewaltiger Fortschritt wäre, wenn es gelänge, die für Deutschlands Existenz so unentbehrliche Ausfuhr auf solche Weise vom Willen des mißgünstigen Auslandes unabhängig zu machen. Auch hier handelt es sich nicht um das Ziel. Wer könnte für ein solches sich nicht begeistern! Es handelt sich vielmehr auch hier wieder allein um die Frage, ob dieses Ziel erreichbar ist, das vorgeschlagene Mittel ihm entspricht. Um diese Frage zu beantworten, muß man sich über die Aufnahmefähigkeit des „geschlossenen Handelsgebiets" ein Urteil bilden.

Was Österreich-Ungarn, das stets seinen Hauptteil darstellt, anlangt, so darf seine Aufnahmefähigkeit natürlich nicht nach der Zahl der Menschen geschätzt werden. Wenn Deutschland mit seinen rund 70 Millionen Einwohnern sich irgendwie mit Österreich-Ungarn zu einem Marktgebiet von 120 Millionen Menschen zusammenschlösse, so wüchse die Aufnahmefähigkeit nicht etwa im Verhältnis von 7:12.

Aufnahmefähigkeit bedeutet Kaufkraft, und hierin steht das Donaukaiserreich mit seiner Gebirgsbevölkerung und seinem Nationalitätenwirrwarr weit hinter Deutschland zurück. Man hat gemeint, die Einfuhr, die 1913 in Deutschland 10,8 Milliarden Mk., in Österreich 2,9 Milliarden Mk. betrug, sei ein besserer Maßstab. Wenn man das annimmt, so würde der Zusammenschluß für den deutschen Markt eine Erweiterung um 27% bedeuten. Schon heute nimmt Deutschland einen beträchtlichen Teil dieser Kaufkraft für sich in Anspruch. Denn 1913 entfielen in Österreich-Ungarn 39,5% seiner Gesamteinfuhr, wie 40,8% seiner Gesamtausfuhr auf Deutschland. Wirtschaftliche Interessen rücken daher ebenso wie politische in der österreichisch-ungarischen Handelspolitik die Frage der Handelsbeziehungen zwischen den beiden Bundesgenossen in den Vordergrund. Auch vom rein wirtschaftlichen Standpunkt aus ist es für Österreich-Ungarn natürlich und geboten, die handelspolitische Erwägung und Regelung mit dem befreundeten Nachbarstaate zu beginnen. Für Deutschland spielt sein Bundesgenosse wirtschaftlich nicht die gleiche Rolle. Die Ausfuhr nach Österreich-Ungarn machte 1913 nur 10,9% der gesamten deutschen Ausfuhr, wie die Einfuhr dorther nur 7,7% der gesamten deutschen Einfuhr aus. Großbritannien spielt in der deutschen Ausfuhr (14,2%) und Einfuhr (8,1%), die nordamerikanische Union (15,9%) und Rußland (13,2%) in der deutschen Einfuhr eine größere Rolle. Der deutsche Handel hat nicht ein Land aufzuweisen, das für ihn von derselben fast ausschlaggebenden Bedeutung ist, wie Deutschland für Österreich. Wie er durch Vielseitigkeit gekennzeichnet ist in seinen Waren, so auch in seinen Absatz- und Bezugsländern. Auch das bedeutet eine besondere Schwierigkeit für die deutsche Handelspolitik. Wenn Deutschland, für dessen Bestand und Fortentwicklung der Außenhandel, besonders die Ausfuhr eine unvergleichlich viel größere Bedeutung hat, als für seinen Bundesgenossen, an die Aufgabe der Neuregelung seiner Handelspolitik, die für es ungleich schwieriger ist, als für diesen, herantritt, so machen es wirtschaftliche Gründe geradezu unmöglich, den Blick auf ein Wirtschaftsgebiet, das nur für ein Zehntel seiner Ausfuhr in Betracht kommt, zu beschränken. Für Österreich-Ungarn ist die Kaufkraft der übrigen Welt nur um die Hälfte größer als die seines Bundesgenossen, für Deutschland aber beträgt sie das Zehnfache. Diese Ziffern bezeichnen scharf den Grundunterschied in der handelspolitischen Lage beider Länder. Was für das eine richtig ist, kann es nicht ohne weiteres auch für das andere sein. Österreich=Ungarn kann den nachbarlichen, Deutschland muß stets den weltwirtschaftlichen Gesichtspunkt in seiner Handelspolitik in den Vordergrund stellen. Das ergibt sich nicht nur mit zwingender Logik aus den tatsächlichen Verhältnissen, sondern entspricht auch dem gemeinsamen Interesse möglichster Entwicklung der beiderseitigen Leistungsfähigkeit.

Das ändert sich auch nicht, wenn wir den Blick weiter schweifen lassen, zeitlich über die Gegenwart und räumlich über Österreich=Ungarn hinaus. Es ist richtig, daß es bei einer handelspolitischen Neuerung weniger auf das ankommt, was abgeschlossen bereits in der Vergangenheit vorliegt, als auf das, was die Zukunft an Neuem hinzufügen kann. Verheißungsvolle Keime zu entwickeln, gehört zu den vornehmsten Aufgaben jeder weitsichtigen Handelspolitik. Aber auch in dieser Hinsicht sind die Aussichten für Deutschland in Österreich=Ungarn, wenigstens was das Zollwesen anlangt, nicht besonders günstig. Denn von der gesamten Einfuhr Österreich=Ungarns in Höhe von nicht ganz 3 Milliarden Mk. waren 1913 nur 45% zollpflichtig, und davon entfielen wieder 45% auf Deutschland. Die zollpflichtige Einfuhr aus anderen Ländern machte überhaupt nur rund 700 Mill. Mk. aus. Wenn sie ganz auf Deutschland überginge, würde das 7% der gleichzeitigen deutschen Ausfuhr ausmachen; aber sie besteht natürlich zum großen Teil, sogar überwiegend aus Waren, die Deutschland überhaupt nicht oder nicht in gesteigerter Menge liefern kann. Anderseits war der Handel beider Nachbarländer bereits letzthin in starker Zunahme begriffen. Er ist von 1170 Mill. Mk. in 1900 auf 1932 Mill. Mk. in 1913 angewachsen, und die deutsche Ausfuhr insbesondere hat sich in dieser kurzen Zeit um 127% gehoben. Schon im natürlichen Verlaufe der Entwicklung sind so die Volkswirtschaften der beiden Bundesgenossen immer enger zusammengewachsen und insbesondere die Ausfuhr Deutschlands nach Österreich=Ungarn hat ihrem natürlichen Sättigungspunkt sich schnell genähert. In zahlreichen Fabrikaten — insbesondere in Eisen und allen Erzeugnissen aus Eisen, vor allem Maschinen, aber auch z. B. in Leder und Gummiwaren — behauptet Deutschland in der österreichisch=ungarischen Einfuhr weitaus die erste Stelle und in denjenigen Waren, in denen dieser Vorrang, den man heute schon fast als normal bezeichnen möchte, nicht erreicht ist, dürfte er aus Gründen, die außerhalb der Handelspolitik liegen, nicht oder nur langsam zu erreichen sein. Insbesondere in Baumwollgarn und Baumwollgeweben nimmt

Großbritannien, wie auf anderen Märkten, auch hier den ersten Platz ein. Nur langsam, doch ziemlich stetig, gewinnt Deutschland hier an Boden. Das Tempo der Entwicklung könnte wahrscheinlich durch Zollmaß= nahmen nur wenig gesteigert werden. Darum ist es für beide Länder, und zwar für Deutschland noch mehr als für Österreich-Ungarn, frag= lich, ob der ganze zu erzielende Gewinn 150 Mill. Mk. erreichen, also für Deutschland auch nur auf $1\frac{1}{2}\%$ seiner Gesamtausfuhr in 1913 sich beziffern würde. Es ist deshalb kaum anzunehmen, daß die bereits bisher vorhandene starke natürliche Tendenz der wirtschaftlichen An= näherung durch irgendeine Einzelmaßregel künstlich beträchtlich ver= größert werden könnte und jedenfalls ist es für beide Länder aus= geschlossen, ihnen durch ein Zollbündnis irgendwelcher Art einen wirk= lichen „Ersatz" für andere Märkte zu schaffen.

Viel anders wird endlich das Bild auch nicht, wenn der Blick räumlich sich weitet, die Balkanländer und die Türkei mit umfaßt. Ganz abgesehen von den großen politischen Schwierigkeiten, die hier als ein kaum zu überwindendes Hemmnis vorliegen, ist die Aufnahme= fähigkeit dieser Gebiete noch viel weniger so groß, daß sie für die Ge= samtausfuhr Deutschlands nennenswert in Betracht kommen könnte. Deutschlands Handel hat 1913 in der Türkei, Rumänien, Bulgarien, Griechenland, Serbien und Montenegro in der Ausfuhr 313 Mill. Mk. und in der Einfuhr 199 Mill. Mk. ausgemacht, das heißt 3,10% der Gesamtausfuhr und 1,85% der Gesamteinfuhr Deutschlands betragen. Die Bevölkerung dieser sechs Länder, die auf europäischem Boden rund 20 Millionen Köpfe zählt, ist einer Wohlstandssteigerung allerdings noch in besonders starkem Maße fähig. Aber es ist nicht unwahr= scheinlich, daß diese Gebiete in ihrer wenig widerstandsfähigen Volks= wirtschaft durch die Kriege besonders stark mitgenommen worden sind, und daß die gewaltige internationale Kapitalvernichtung gerade sie, die auf fremdes Kapital so sehr angewiesen sind, besonders schwer treffen wird. Nur wenn das Tempo der Weiterentwicklung, im Gegen= satz zur Vergangenheit, das der übrigen Länder beträchtlich übersteigt, kann die Kaufkraft und damit die internationale Ersatzfähigkeit dieser Märkte über den gegenwärtigen geringen Stand hinaus sich steigern.

Gewiß wird es bei siegreichem Ausgang des Krieges auf den süd= östlichsten Kriegsschauplätzen eine wichtige Aufgabe für uns sein, auch die militärische Bundesgenossenschaft mit dem türkischen Reich wirt= schaftlich auszubauen, ganz besonders in Kleinasien und Mesopotamien die Erzeugung für uns so wichtiger Güter, wie Getreide, Baumwolle und Wolle, sowie Petroleum möglichst zu fördern. Aber die Erfahrung, daß der alte Satz, daß gut Ding Weile haben will, im Morgenland doppelt und dreifach gilt, wird auch durch die Kriege nicht völlig umgestoßen werden. Vor Illusionen, wie sie auf dem Boden politischer Begeisterung so leicht erwachsen, muß man sich hier besonders hüten. Das gilt einmal im Interesse der hier vorliegenden wichtigen Aufgaben selbst; Überstürzung gehört bei ihrer Lösung nicht zu den geringsten Gefahren. Das gilt ferner aber ganz allgemein, weil gerade jetzt die Gegenwart viel dringlicher als je zuvor, bei einer handelspolitischen Neuregelung auf ihr Vorrecht gegenüber einer fernen Zukunft besteht. Denn dem Kriege folgt unter allen Umständen zunächst eine schwere Zeit für den deutschen Außenhandel, ganz besonders die deutsche Ausfuhr. Über sie hinwegzuhelfen, den deutschen Handel aus dem Kriegszustand in einen Friedenszustand wieder zu überführen, ist vor allem Aufgabe der Handelspolitik. Sie muß zunächst gelöst werden, und dabei ist nur darauf zu achten, daß irgendwelchen Zukunftsentwicklungen nicht hindernd vorgegriffen wird. Um das aber befriedigend zu können, gilt es nicht, für Türen, die geschlossen werden könnten, im voraus sich Ersatz zu schaffen, was fast wie eine Aufforderung zur Schließung wirken könnte, sondern Mittel zu ersinnen, solche Schließung abzuwehren. Das ist die Hauptaufgabe der deutschen Handelspolitik, und sie wächst hervor aus wirtschaftlichen Bedürfnissen, die Lebensbedürfnisse unseres Volkes sind.

III.

Die handelspolitische Hauptaufgabe des deutschen Volkes, die allgemein aus seiner Lage hervorgeht und durch den Krieg nur Verschärfungen sowie neue Lösungsmöglichkeiten gewonnen hat, ist also, den schwer mitgenommenen deutschen Auslandabsatz, insbesondere bei der Lösung der schwierigen Aufgaben, die ihm unmittelbar nach Friedensschluß obliegen, zu schützen vor handelspolitischen Angriffen. Dieser Schutz muß sich auf alles erstrecken, was zur erfolgreichen Ausführung des ausländischen Warenabsatzes erforderlich ist. Versagt er auch nur an einer Stelle, kann der Absatz damit vereitelt werden. Er muß sich daher auf die Handelspersonen wie Handelswaren beziehen. Er muß dem Händler Schutz für seine Person und sein Eigentum gewähren, ihm die Möglichkeit geben, sich im Gebiete des fremden

Staates frei zu bewegen, sich niederzulassen und Grundbesitz zu erwerben, sowie Handel und Gewerbe zu betreiben. Er muß die Ware schützen nicht nur an sich vor Nachahmung und Täuschung, sondern auch in ihrer ganzen Behandlung innerhalb des fremden Machtbereiches. Die Ware darf auch im Auslande des Patent=, Marken= und Musterschutzes nicht entbehren, ihr Transport nicht ungünstiger, als der einer einheimischen Ware, behandelt werden, ihre finanzielle Belastung nur innerhalb bestimmt vereinbarter Grenzen erfolgen. Nicht nur im Eisenbahnwesen, auf das der Staatswille und damit ein Staatsvertrag noch einwirken kann, sondern auch in der nicht minder wichtigen, von England beherrschten Frachtseeschiffahrt, deren Betrieb dem staatlichen Willen zum größten Teil entrückt ist, muß in kluger Voraussicht rechtzeitig für möglichste Gleichheit in der Behandlung gesorgt werden. Große Aufgaben liegen überall hier vor, und sie sind durch den Krieg noch gewachsen an Bedeutung und Schwierigkeit. Nicht von ihnen allen kann hier gehandelt werden; allein das Zollwesen soll zum Gegenstand der Erörterung gemacht werden.

Im Zollwesen ist drei Gefahren möglichst wirksam zu begegnen: erstens allzu hohen Zöllen, welche jede fremde Wettbewerbsfähigkeit aufheben, zweitens allzu häufigen Zolländerungen, welche mit großem stehenden Kapital arbeitenden Produzenten einen rationellen Geschäftsbetrieb unmöglich machen, drittens Zollunterscheidungen, welche Konkurrenten einen künstlichen Vorsprung geben. Den ersten beiden Gefahren ist durch den Abschluß von Tarifverträgen, der letzten und größten durch Erwerb voller Meistbegünstigung zu begegnen. Darauf ist Deutschlands Bestreben bereits seit den Handelsverträgen Caprivis gerichtet. Aber das Gesamtergebnis war doch nicht voll befriedigend.

Vor dem Kriegsausbruch besaßen wir Tarifverträge mit 12 Staaten. Es sind das zunächst die älteren Verträge mit Belgien, Rußland, Rumänien, der Schweiz, Serbien, Italien und Österreich-Ungarn, die 1904 und 1905 in der Form von sogenannten Zusatzverträgen erneuert worden sind, ferner einige neue Verträge, die einerseits mit einigen kleineren europäischen Staaten, nämlich 1905 mit Bulgarien, 1908 mit Portugal und 1911 mit Schweden, sowie anderseits ebenfalls 1911 mit Japan abgeschlossen worden sind, und endlich der Vertrag mit Griechenland, der bereits aus dem Jahre 1884 stammt.

Dieses System von Verträgen war der feste Rückhalt der internationalen Handelspolitik. Es schuf im drängenden Widerstreit der

Interessen und Kräfte ein hohes Maß von Ruhe und Stetigkeit. Aber es war unvollständig und vergänglich. Es bezog sich 1913 nur auf 40,4% der deutschen Gesamtausfuhr (4085 von 10 096 Mill. Mk.). Vor allem mit Frankreich, Großbritannien und den Vereinigten Staaten, die gleichzeitig 29,1% unserer Ausfuhr umfaßten, fehlte es an solchen sichernden Verträgen. Mit diesen drei Ländern waren daher auch in letzter Zeit unsere Handelsbeziehungen am wenigsten befriedigend.

Am unerfreulichsten war wohl das Verhältnis zu Frankreich. Zwar ist es hier nie zum offenen Bruch gekommen. Das verhinderte ja der Artikel 11 des Frankfurter Friedensvertrages. An der durch ihn ausbedungenen Meistbegünstigung ist formell natürlich auf französischer Seite stets festgehalten worden. Aber unter dem Einfluß der Revanchelust ist doch ein Geist des Zollkampfes gegen Deutschland beherrschend für die französische Handelspolitik geworden. Das zeigte sich besonders deutlich darin, daß Frankreich zu Anfang der neunziger Jahre, als Deutschland zum System der Tarifverträge, dessen Ermäßigungen auch unseren westlichen Nachbarn auf Grund der Meistbegünstigung zugute kommen, überging, für die autonome Zollpolitik in der Form des Doppeltarifs sich entschied und damit einen sehr hohen Mindesttarif einführte, der berechnet war, die Einfuhr allgemein und ganz besonders aus Deutschland zurückzuhalten. Das hatte zur Befriedigung der Franzosen die Folge, daß die deutsche Ausfuhr nach Frankreich über ein Jahrzehnt hinter der Entwicklung der französischen Ausfuhr nach Deutschland zurückblieb und die französische Handelsbilanz im Verkehr mit Deutschland, die bisher ein Jahrzehnt lang passiv gewesen war, 1892 umschlug. Erst 1908 wendet sich von neuem das Blatt. Die erstarkte deutsche Schaffenskraft dringt jetzt auch hier, trotz aller Hemmnisse, erfolgreich durch. Nachdem die deutsche Ausfuhr nach Frankreich 1892–1905 nur von 203 auf 293 Mill. Mk. angestiegen war, hebt sie sich dann sprungweise auf 790 Mill. Mk. in 1913, überflügelt damit die ebenfalls beträchtlich zunehmende französische Ausfuhr und verwandelt so die Handelsbilanz im deutsch-französischen Warenverkehr seit 1910 nach der beiderseitigen Statistik in eine zunehmend passive. Dieser starke Umschwung hatte zur Folge, daß der französische Geist des Zollkampfes, angefacht durch die neuerliche Hetze, in anderen Formen immer rücksichtsloser sich betätigte. Da er beim Zolltarif sich gehemmt sah, entwickelte er jetzt immer systematischer das Zollverfahren zu einem Kampfmittel. Auf diesem Gebiet konnte das erfindungsreiche

Talent der Franzosen in immer neuen Schikanen glänzend sich betätigen, zumal da man auch das Gewinninteresse in den Dienst dieser Aufgabe stellte, indem die französischen Zollbeamten an dem Ertrag der Strafen, die sie verhingen, persönlich beteiligt wurden. Hatte es schon bisher an Klagen über die französische Zollverwaltung nicht gefehlt, so mehren sie sich jetzt seit 1910 gewaltig. Das französische Vorgehen artete fast zu einem handelspolitischen Guerillakriege aus.

England gegenüber war die ganze Zeit seit der 1898 erfolgten Kündigung des alten Handelsvertrages mit dem Zollverein vom 30. Mai 1865 ausgefüllt mit immer neuen Provisorien. Ein Vertragsverhältnis bestand zwischen beiden Ländern nicht mehr. Auf autonomem Wege gewährte Deutschland anfangs für kurze Fristen und seit 1909 „bis auf weiteres" die Meistbegünstigung, die ihm stillschweigend zugestanden wurde und im englischen Mutterlande kaum vorenthalten werden konnte, solange es am Freihandel festhielt. Nur mit Kanada kam es bekanntlich zu einem zwölfjährigen Zollkrieg, und sein Verlauf kann kaum als ein Erfolg der deutschen Handelspolitik bezeichnet werden, zumal da die an seine vorläufige Beilegung im Jahre 1910 geknüpfte Hoffnung, es werde zwischen Deutschland und Kanada zum Abschluß eines Tarifvertrages nach dem Vorbild des kanadisch-französischen Handelsvertrages kommen, nicht in Erfüllung gegangen ist.

Was endlich die Vereinigten Staaten anlangt, so litten hier die gewaltigen deutschen Handelsinteressen, die einen Wert von nahezu $2^{1}/_{2}$ Milliarden Mk. im Jahre erreichen, vor allem an Unsicherheit. Sie erwuchs einmal aus dem autonomen Charakter der amerikanischen Handelspolitik. Jederzeit waren Veränderungen der Zollsätze möglich und die Verhandlungen darüber im „Kongreß" hörten fast nie auf. Doch das ist nicht das Wichtigste. Von viel größerer Tragweite ist es, daß die amerikanische Handelspolitik ebenso wie einer Bindung der Zollsätze, auch einer Gewährung der Meistbegünstigung aus dem Wege geht. Sie hält fest an dem althergekommenen, doch in Europa seit einem halben Jahrhundert aufgegebenen Grundsatz, daß Zugeständnisse nur gegen Zugeständnisse gewährt werden. Ja, sie identifiziert sogar diesen primitiven Grundsatz, der nicht ganz glücklich mit „Reziprozität" — „Gegenseitigkeit" spielt auch sonst in der Handelspolitik eine Rolle — bezeichnet zu werden pflegt, mit dem neueren Grundsatz der Meistbegünstigung, indem sie auch unter Meistbegünstigung nur die zukünftige Gleichstellung mit anderen fremden Ländern hinsichtlich unentgeltlicher

Zugeständnisse versteht. Entgeltliche Zugeständnisse müssen stets durch gleichwertige Zugeständnisse erworben werden. Die Meistbegünstigung besteht nach dieser Auffassung nur darin, daß man einen Anspruch auf Gleichstellung hat, wenn gleichwertige Zugeständnisse angeboten werden, doch kann natürlich stets über die Gleichwertigkeit leicht ein Streit herbeigeführt und dadurch die Gleichstellung verhindert werden. So schwebt ein Damoklesschwert über unseren wichtigsten überseeischen Handelsbeziehungen. In doppeltem Sinn fehlt jede Gewähr für die Zukunft, was weder den beteiligten gewaltigen wirtschaftlichen Interessen, noch der herkömmlichen, früher nie in Frage gestellten politischen Freundschaft zwischen beiden Großmächten entsprechen dürfte.

Das waren die drei Hauptlücken, welche das kunstvolle System der deutschen Tarifverträge aufwies. Neben ihnen kommen die kleineren — Spanien, Holland, Dänemark und Norwegen in Europa, sowie alle außereuropäischen Länder mit Ausnahme von Japan — weniger in Betracht. Diese Hauptlücken vor allem möglichst auszufüllen, wird ein Ziel der deutschen Handelspolitik nach dem Kriege sein müssen. Soweit es um England und Frankreich sich handelt, müssen die Friedensverträge zu diesem Zweck mit herangezogen werden. Freilich ist es nicht möglich, mit dem Friedensschluß selbst den Abschluß eines Tarifvertrages zu verbinden. Das ist vielleicht durchzusetzen dann, wenn zwischen den beiden Parteien vor dem Kriege ein Vertrag bestanden hat. Diesen alten Vertrag kann der Wille des Siegers natürlich von neuem in Kraft setzen. Ja, wenn es sich nur um wenige Zollstellen handelt und man im voraus genau weiß, was man will, kann er vielleicht auch einzelne Verbesserungen ohne nennenswerte Verzögerungen erzwingen. Das dürfte Rußland gegenüber in Betracht kommen, wo der deutsche Handel unter dem bisherigen Vertrage einen Aufschwung erlebt hat, der in der Zeit von 1900—1913 um fast ein Drittel (32,5%) den allgemeinen Aufschwung des deutschen Ausfuhrhandels übertrifft, und weitaus den ersten Platz sich errungen hat. Nur in Einzelheiten, allerdings wichtiger Art, ist hier eine Änderung nötig.

Anders bei Frankreich. Ein Tarifvertrag mit diesem Lande, in dessen Einfuhr bisher England weitaus die erste Rolle spielt, ist etwas völlig Neues. Die Wiederherstellung eines früheren Zustandes kommt überhaupt nicht in Frage. Ein Neubau muß aufgeführt werden, und zwar unter den schwierigsten Verhältnissen. Dazu reicht die Zeit beim Abschluß eines Friedensvertrages nicht aus. Es kann sich daher bei ihm nur um vorbereitende Maßnahmen handeln. Die Machtstellung, die der Krieg geschaffen hat, aber nicht alsbald handelspolitisch auszunutzen gestattet, muß in die Friedenszeiten projiziert werden. Es müssen durch den Friedensschluß besondere Druckmittel vorübergehender Art geschaffen werden, die noch nachträglich eine befriedigende Überführung aus dem Kriegszustand in den Friedenszustand ermöglichen. Druckmittel kommen hier in Frage, wie sie in gewöhnlichen Friedenszeiten, in denen in der Handelspolitik ein Geist der Gegenseitigkeit herrschen muß, nicht denkbar sind und daher allen, welche in der herkömmlichen Friedensanschauung befangen sind, befremdlich erscheinen. Der Krieg schafft auch in der Handelspolitik einen Ausnahmezustand. Die Gegenseitigkeit braucht jetzt nicht in handelspolitischen Zugeständnissen zu bestehen; militärische können ebenso wuchtig in die Wagschale geworfen werden. Der Sieger auf blutigem Schlachtfeld steht anders da, als der handelspolitische Verhandler am grünen Tisch zur Friedenszeit. Ja, es kann für ihn Pflicht werden, seine Macht auch handelspolitisch zu nutzen. Das ist dann der Fall, wenn es sonst nicht möglich ist, für die Verluste und Kosten des Krieges den nötigen Ersatz zu erhalten. Das Unzureichende einer Kriegsentschädigung kann durch handelspolitische Vorteile ausgeglichen oder wenigstens gemindert werden. Der Gedanke daran, wie unsere Feinde mit uns im Falle eines Sieges verfahren würden, sollte uns auch auf diesem Gebiet vor jeder Sentimentalität bewahren.

Die handelspolitischen Druckmittel, die der Krieg erfordert und ermöglicht, können natürlich verschiedener Art sein. Sie können sich sowohl auf den französischen als auch auf den deutschen Markt beziehen, das heißt dort der deutschen Ware eine bevorzugte, hier der französischen eine benachteiligte Stellung verschaffen. Das erste kann wieder durch Zollherabsetzung und Zollunterscheidung geschehen. Wenn zum Beispiel Frankreich die Bedingung auferlegt werden könnte, daß seine Einfuhrzölle, bis ein Tarifvertrag in Kraft tritt und sobald er wieder fortfällt, im ganzen oder in einzelnen für Deutschland besonders wichtigen Zollstellen eine bestimmte Höhe nicht übersteigen dürfen, so würde eine solche zeitweise Beschränkung der Zollsouveränität Frankreich dazu nötigen, möglichst bald in Handelsvertragsverhandlungen mit dem ernstlichen Willen, zu einem Abschluß zu kommen, sich einzulassen. In ähnlicher Weise könnte eine Zollunterscheidung zwischen Land- und Seegrenze wirken, worauf in anderem Zusammenhang zurückzukommen ist (vgl. Abschnitt V). Umgekehrt können französische Waren auf dem einheimischen Markt dadurch benachteiligt oder wenigstens einer Benachteiligung ausgesetzt werden, daß ihnen die Meistbegünstigung vorenthalten würde; auch das müßte in kurzer Frist zu ernstlichen Handelsvertragsverhandlungen nötigen. Mit solchen Mitteln läßt die durch Waffen errungene Machtstellung über den Krieg hinaus sich verlängern und damit ein Tarifvertrag sich erzwingen. Doch das würde nicht ausreichen; auch auf der Grundlage eines solchen Vertrages würden die Verwaltungsschikanen sich zu unseren Ungunsten entfalten können. Unzweifelhaft wird der Krieg diese so tief im französischen Charakter wurzelnden Bestrebungen noch stärken. Darum ist noch eine weitere Sicherung dringend geboten. Auch sie dürfte durch eine unterschiedliche Regelung der Meistbegünstigung, die es gestattet, sie im Bedarfsfalle wichtigen französischen Ausfuhrwaren zu entziehen, zu erreichen sein. Davon ist ebenfalls sogleich in anderem Zusammenhang ausführlicher zu handeln (vgl. Abschnitt VIII).

Was endlich die Vereinigten Staaten anlangt, so bestand der bisherige unbefriedigende Zustand im wesentlichen darin, daß mit der Gewährung der unbedingten Meistbegünstigung Deutschland seinen Köcher gewissermaßen vorzeitig entleerte, während die Vereinigten Staaten durch Festhalten am Grundsatz der „Reziprozität" ihn für alle Fälle wirksam gefüllt erhielten. Aus dieser taktischen Ungleichheit erwuchs das ungemütliche Gefühl der Hilflosigkeit, aus dem in letzter Linie das Schwankende unserer Handelspolitik Amerika gegenüber lange Zeit hervorwuchs. Seit dem Abkommen vom 19. Juli 1900 ist das allerdings schon besser geworden. Die Vereinigten Staaten sind heute nicht mehr im vollen Genuß der deutschen Meistbegünstigung. Es ist ihnen vielmehr auf Grund des Reichsgesetzes vom 5. Februar 1910 nur der damals geltende Vertragstarif eingeräumt worden, und zwar nur unter der Bedingung, daß „irgendwelche den gegenwärtigen Zustand zuungunsten Deutschlands verschiebende Änderungen" nicht eintreten. Die Meistbegünstigung ist damit ihres wesentlichsten Kernes, der Gewähr einer vollen Gleichstellung mit allen fremden Ländern für die Zukunft, entkleidet worden. Sie ist befristet und bedingt und daher der amerikanischen „Reziprozität" sehr ähnlich. Die deutsche Handelspolitik hat sich damit, im Gegensatz zu früher, ihre volle Bewegungsfreiheit gewahrt, und das ist nicht ohne Wirkung geblieben. In dieser Richtung muß fortgefahren werden. Die endlich hergestellte Parität muß bei der

Neuregelung unserer Handelspolitik noch dauerhafter und wirksamer ausgestaltet werden, um möglichst die Amerikaner zu veranlassen, ihren trotz aller Wandlungen in Europa festgehaltenen veralteten Standpunkt aufzugeben und damit eine Quelle von Streitigkeiten zu verstopfen, die immer wieder den friedlichen Verkehr der Vereinigten Staaten mit den Ländern Europas trüben muß. Wie das geschehen kann, kann auch nur im Rahmen einer allgemeinen Erörterung über die weitere Ausgestaltung der Meistbegünstigung dargelegt werden (vgl. Abschnitt V).

So weist die Unvollständigkeit in unserem Tarifvertragssystem immer wieder auf die Meistbegünstigung hin. Sie ist nicht etwa ein Ergebnis menschlicher Schwäche, das durch vollendetere Verhandlungskunst von Grund aus verändert werden könnte. Sie wächst vielmehr mit Notwendigkeit aus dem bisherigen System hervor, dessen Wesen in der Verbindung von Tarifverträgen mit der Meistbegünstigung besteht. Diese Verbindung ist es vor allem, welche den Abschluß von Tarifverträgen erschwert. Denn wenn durch die Meistbegünstigung alle Zugeständnisse, die in einem Tarifvertrage gemacht worden sind, alsbald verallgemeinert werden, wird der Anreiz, Tarifverträge abzuschließen, verringert. Ohne eigene Zugeständnisse genießt der meistbegünstigte Staat die Früchte fremder Mühen und Aufwendungen. Statt sich zum Vertragsabschluß zu drängen, gebietet es die Klugheit, sich vorsichtiger zurückzuhalten. Die bloße Meistbegünstigung schafft einen so hohen Grad der Befriedigung, daß nicht genug Erreichbares zu wünschen übrig bleibt, um die Kosten eines Tarifvertrages noch zu rechtfertigen. Es fragt sich, ob dieser Mißstand, an dem die deutschen Tarifvertragsverhandlungen mit Spanien, Dänemark und auch Argentinien in letzter Zeit gescheitert sind, beseitigt oder gemildert werden kann. Schon im Frieden hat diese Aufgabe die Aufmerksamkeit der Regierung wie der Interessenten auf sich gezogen; der Krieg hat ihre Bedeutung gewaltig gesteigert.

IV.

Man kann fremden Waren gegenüber eine dreifache Stellung einnehmen. Man kann sie erstens ebenso wie einheimische Waren behandeln. Dann bekennt man sich zum Prinzip der Gleichstellung, das allein von England bis zur Gegenwart mit seinem Freihandel festgehalten wurde und noch größere Verbreitung im Kolonialwesen hat, so bis heute in Deutschland und zum großen Teil auch im britischen Reiche. Man kann zweitens einheimische und fremde Waren verschieden behandeln. Dann bekennt man sich zum Prinzip des Schutzzolles. Auf dieser Grundlage ist wieder ein Doppeltes möglich. Man kann alle Waren fremder Länder gleich behandeln oder wiederum zwischen ihnen Unterschiede machen. Im ersten Fall entscheidet man sich auf der Grundlage des Schutzzolles für den Grundsatz der Meistbegünstigung; im zweiten Falle verbindet man mit dem Schutzzoll Zollunterscheidungen. Also erst im Rahmen des Schutzzollsystems findet die Meistbegünstigung einen Platz; bei allgemeinem internationalen Freihandel ist sie überflüssig; das Prinzip der Gleichstellung schließt das der Meistbegünstigung ein. Meistbegünstigung und Schutzzoll gehören logisch zusammen und Gegensätze bilden, wie gesagt, Meistbegünstigung und Zollunterscheidung.

Schon daraus geht hervor, daß der oft wiederholte Satz, die Meistbegünstigung sei ein „Pionier des Freihandels" nicht ohne Einschränkung richtig ist. Geschichtlich ist eher der Freihandel ein Pionier der Meistbegünstigung gewesen als umgekehrt. Wo der Freihandel sich nicht durchzusetzen vermochte, suchte man sich wenigstens Meistbegünstigung zu sichern. Wenn auch Meistbegünstigungsklauseln schon früher nachgewiesen werden können, so hat doch erst mit den Cobdenschen Handelsverträgen die Meistbegünstigung ihren eigentlichen Einzug in die neuzeitliche Handelspolitik Europas gehalten. Der Freihandelsgedanke hat ihr die Bahn gebrochen. Solange eine internationale Tendenz der Zollermäßigung bestand, kam ihr auch die Meistbegünstigung durch ihre verallgemeinernde Wirkung zugute, aber sie war außerstande, einen Umschlag dieser Tendenz ins Gegenteil zu hindern. Sie hat eben nur formale Bedeutung und gewinnt ihren Inhalt ausschließlich von außen. Wie sie den Gang der Freihandelsidee beschleunigen kann, so kann anderseits die Verallgemeinerung der Ermäßigungen, die sie mit sich bringt, wenig wiegen, wenn die Kräfte einer Volkswirtschaft mit Macht tätig sind, die Zölle im ganzen hinaufzuschrauben. Die Meistbegünstigung ist eben nur ein zolltechnisches Mittel.

Allerdings besteht zwischen Freihandel und Meistbegünstigung insofern Verwandtschaft, als beide dem Stärksten am meisten nützen. Wer sich überlegen fühlt, wird den Wettkampf am liebsten mit allen Rivalen, wie es im Freihandel der Grundsatz der Gleichstellung gestattet, aufnehmen, weil dadurch das Aufkommen jeder gleichstarken Konkurrenz erschwert wird; und wenn das nicht erreichbar ist, wird er den Wettkampf doch mit möglichst vielen wünschen, wie es der

Grundsatz der Meistbegünstigungen ihm gewährleistet, indem er an der Gleichstellung mit jeder fremden Ware festhält, freilich durch Bevorzugung der einheimischen Ware die Heranziehung einer Konkurrenz im Einfuhrlande begünstigt. Früher nahm England eine Vorzugsstellung ein, die vielfach über jeden Wettbewerb erhaben war und die Möglichkeit gewährte, den größten Vorteil aus der „offenen Tür", wie sie Freihandel und Meistbegünstigung bieten, zu ziehen. Es hatte vor allem infolge einer geschickten „Kulturpropaganda" den großen Vorzug, einer starken internationalen Freihandelsströmung sich zur Zeit seiner größten Überlegenheit erfreuen zu können; und es ist kein Zufall, daß es, wie für den Freihandel, auch für die Meistbegünstigung zum ersten großen Vorkämpfer geworden ist. Je mehr das Schutzzollsystem den internationalen Siegeszug antrat, den man für den Freihandel erwartet und so eifrig erstrebt hatte, hat England in der Meistbegünstigung nach den Worten Earl Granvilles (in einer Depesche vom 12. Februar 1885) „the most valuable part of the system of commercial treaties" erblickt und noch Churchill nannte sie als Präsident des Handelsamtes „the foundation of the british commercial system". Solange England keinen Zolltarif besitzt, mit dem es fremde Zugeständnisse sich erkaufen kann, ist es eben allein auf die Zollermäßigungen angewiesen, die ihm mit Hilfe der Meistbegünstigung zufallen. Die Meistbegünstigung nimmt infolgedessen in der englischen Handelspolitik eine ganz andere Mittelstellung ein als bei uns. Was Tarifverträge und Meistbegünstigung für den deutschen Handel zusammen leisten, entfällt für den englischen Handel allein auf die Meistbegünstigung. Sie hat man daher unter allen Umständen sich zu sichern gesucht, bisweilen sogar, in Ermangelung von handelspolitischen Zugeständnissen, durch solche auf ganz anderen Gebieten. Obwohl somit die Meistbegünstigung für das Freihandelsland England etwas anderes bedeutet, als für alte Schutzzolländer, ist es den Engländern doch gelungen, die aus ihren besonderen Verhältnissen sich ergebende Auffassung in der ganzen Welt zu verbreiten. Die England günstigste Interpretation ist durch die Theorie — wie wir sogleich sehen werden — zur allgemeinen in ganz Europa geworden.

Aber langsam hat sich das Blatt gewendet. Wie die Begeisterung für den Freihandel in England immer mehr durch eine kritische Stimmung abgelöst wurde und die Einführung eines Schutzzolles dort heute nicht mehr dem Bereich des Unwahrscheinlichen angehört, so hat man auch jene herkömmliche Auffassung von der Meistbegünstigung in den letzten Jahren mit wachsendem Nachdruck als einen „Irrtum" bezeichnet und nachzuweisen gesucht. Das war nur eine natürliche Folge des schwindenden Gefühls der Überlegenheit. Auf immer mehr Gebieten hat Deutschland sich in kluger und harter Arbeit eine Leistungsfähigkeit errungen, die von keinem überboten wird. Damit gewinnen wir ein gleiches Interesse, wie England es früher lange Zeit allein besaß. Uns öffnet allerdings das Geschick die fremden Märkte nicht so weit und mühelos, wie es einst England beschert war. Der Freihandel läßt sich nicht erzwingen und nicht erwerben, zumal wenn man selbst ihn nicht gewähren kann und zur politischen Propaganda nicht viel Geschick hat; die Meistbegünstigung ist es allein, die erzwungen und erworben werden kann, zumal von einem Lande, das auf die Sicherung des eigenen Marktes nicht zu verzichten vermag. Je mehr Deutschland zu einem großen Ausfuhrland erstarkt ist, um so mehr Interesse hat es an der Meistbegünstigung gewonnen. Ja, in einer Hinsicht ist dieses Interesse sogar noch größer als in England. Denn England hat sich, außer des Freihandels, für viele seiner Hauptausfuhrwaren lange eines gewissen Monopols, schon wegen seines zeitlichen Vorsprunges, zu erfreuen gehabt. Deutschland kann auch dieses Vorzugs nur sehr viel weniger sich rühmen. Die Erzeugnisse, die es in so bunter Vielseitigkeit hervorbringt, unterliegen weit überwiegend dem Wettbewerb hochentwickelter fremder Industrien. Deutschland bedarf deshalb der „offenen Tür". Wenn es aber zu denselben Bedingungen, wie ein anderer, auf den fremden Markt gelangen kann, weiß es meist aus eigener Kraft sich zu behaupten. Aber je größeren Wert die volle Meistbegünstigung für Deutschland gewonnen hat, um so schwieriger ist sie zu erringen. Diese Schwierigkeiten brauchen nicht — wie Theoretiker so vielfach noch annehmen — erst leichtfertig geschaffen zu werden; sie sind vielmehr bereits vorhanden. Schon vor dem Frieden stießen wir infolge der dargelegten allgemeinen Besonderheit unserer handelspolitischen Lage, immer häufiger auf die Neigung, die Meistbegünstigung offen oder versteckt uns zu verkümmern, und durch den Krieg findet das in sehr wichtigen Teilen des Auslandmarktes eine bedeutende Verstärkung. Diesen nicht erst in der Zukunft möglichen, sondern bereits in der Gegenwart vorhandenen Gefahren verhängnisvoller Beeinträchtigungen müssen wir begegnen. Einseitige Meistbegünstigung schadet dem Gewährenden regelmäßig ebenso wie einseitiger Freihandel.

Gegenseitigkeit ist aber nicht, wie in der Theorie beweislos so oft angenommen wird, gewährleistet, sondern muß erkämpft werden. Wollen wir den vorhandenen Gefahren wirksam begegnen und diesen Kampf erfolgreich bestehen, so müssen wir auch den Weg unserer handelspolitischen Gegner beschreiten, uns mindestens so gut wie sie rüsten und möglichst die Meistbegünstigung selbst zu einem wirksamen Kampfmittel ausschmieden. Nur durch Beelzebub kann der Teufel vertrieben werden. Nur durch eine unterschiedliche Ausgestaltung der Meistbegünstigung ist die volle Meistbegünstigung zu erlangen und zu erhalten.

Auf der Grundlage des Schutzzolles steht die Meistbegünstigung, wie wir sahen, im Gegensatz zur Zollunterscheidung. Beide behandelte man lange Zeit in der Handelspolitik als absolute Gegensätze, wie sie es letzten Endes ja auch unzweifelhaft sind. Die Anforderungen des nationalen Interesses deckten sich damals in England mit denen der abstrakten Logik und so bemächtigte sich der doktrinäre Geist, der nicht der englischen Freihandelspolitik, aber wohl der von ihr ausgenutzten englischen Freihandelslehre eigen ist, auch der Meistbegünstigung. In der Blütezeit der Freihandelslehre wurde sie zu einem starren Begriff geprägt und in dieser doktrinären Unbiegsamkeit nicht nur in die deutsche Handelspolitik eingeführt, sondern durch den Frankfurter Friedensvertrag aus dem Flusse des immer neu gestaltigen Lebens dauernd losgelöst. Denn wenn auch der Artikel 11 geographische Beschränkungen aufwies, so verewigte er doch inhaltlich jene weiteste Fassung der Meistbegünstigung, die nicht nur die Logik englischer Theoretiker, sondern auch das klar erkannte Interesse der englischen Volkswirtschaft forderte. So wurde, was im Grunde eine Frage politischer Zweckmäßigkeit war, für Deutschland zu einer Frage juristischer Interpretation. Ja, im politisch ungeschulten deutschen Volke nistete sich weithin die Vorstellung ein, als sei der Inhalt der Meistbegünstigung etwas unabhängig vom Staatswillen ein für allemal Gegebenes, fast etwas Sakrosanktes, an das man nicht rühren dürfe.

Die Aufhebung des Frankfurter Friedensvertrages, die der Krieg mit sich bringt, bedeutet hier eine Befreiung. Sie gibt der Politik zurück, was nur durch juristische Festlegung in Deutschland und Frankreich ihr genommen war. Sie schafft die vom Deutschen Reich bisher entbehrte Beweglichkeit in der Benutzung des vielleicht wichtigsten technischen Mittels der Zollpolitik. Erst jetzt kann es zu einer wirksamen Abwehr-

und Angriffswaffe ausgebildet werden. Erst jetzt kann der „Tausch=
wert" der Meistbegünstigung, mit dem bisher weitgehende Vergeudung
betrieben werden mußte, zur vollen Entfaltung gebracht werden. Ob
und wie das geschehen soll, ist heute die wichtigste handelspolitische
Frage.

Treten wir von diesem Standpunkt politischer Zweckmäßigkeit aus
an die Frage der Meistbegünstigung heran, so sind zwei Möglichkeiten
ihrer Ausgestaltung zu unterscheiden. Man kann sie erstens verbessern
unter Aufrechterhaltung ihres bisherigen rechtlichen Begriffes und
zweitens unter Preisgabe desselben. Das erste war in Deutschland
auch bisher schon möglich und ist unter dem Drucke wachsender
Schwierigkeiten auch geschehen.

Rechtlich verlangt die Meistbegünstigung nämlich nichts anderes,
als daß jede ausdrückliche Begünstigung eines dritten Landes vermieden
werde. Für jedes meistbegünstigte Land muß rechtlich die gleiche Mög=
lichkeit vorliegen. Ob das auch tatsächlich der Fall ist, bleibt rechtlich
gleichgültig. Tatsächliche Verschiedenheiten sind sogar eine unvermeid=
liche Folge des Rechtsgrundsatzes der Meistbegünstigung. Denn die ver=
schiedene geographische Lage bringt für die einzelnen Länder erhebliche
Unterschiede in den Transportkosten mit sich und die rein formale
Gleichberechtigung der Meistbegünstigung wirkt geradezu wie eine recht=
liche Garantie jeder solchen tatsächlichen Vorzugsstellung. Diese prak=
tische Besonderheit der Meistbegünstigung, die dem einen nützt und
dem anderen schadet, läßt sich künstlich weiter ausgestalten. Auf der
Grundlage rechtlicher Gleichstellung kann die tatsächliche Verschieden=
heit ihrer Wirkung vergrößert werden.

In einer Richtung ist das bereits bisher geschehen. Nicht alle
Waren haben für alle Länder das gleiche Interesse. In der Güter=
erzeugung spiegeln sich vielmehr Eigenart und Entwicklungsgrad eines
jeden Landes und je mannigfaltiger die Länder sich entwickeln, um so
mehr spezialisieren sich ihre Erzeugnisse. Das läßt sich auch im Zoll=
wesen ausnutzen, ohne an den Rechtsgrundsatz der Meistbegünstigung
zu tasten. Man muß nur unter diesem Gesichtspunkt den Zolltarif
immer feiner ausgestalten, immer mehr Arten und Unterarten von
Waren unterscheiden, und zwar so, daß die nationalen Unterschiede
in der Erzeugung möglichst Berücksichtigung finden. Damit steigert man
den Tauschwert der eigenen Zugeständnisse. Denn je feiner und zahl=
reicher die Warenunterscheidungen des Zolltarifs sind, um so häufiger

wird der Fall eintreten, daß die Herabsetzung einer Zollstelle gerade einem einzelnen Lande zu besonderem Vorteil gereicht. Je umfassender dagegen eine Zollstelle ist, um so leichter wird sie Waren enthalten, die für verschiedene Länder Bedeutung haben, so daß ihre Herabsetzung nicht allein dem Lande, das in einem Tarifvertrag dafür Zugeständnisse macht, einen besonderen Vorteil verschafft, sondern zugleich in noch höherem Maße anderen Ländern, die allein auf Grund der Meistbegünstigung ohne irgendwelche Zugeständnisse ihrerseits an der Zollermäßigung teilnehmen. Solcher nationalen Vergeudung suchte man durch zunehmende Tarifspezialisierung zu steuern.

Diese Bewegung ist nicht von Deutschland ausgegangen. Soweit sich übersehen läßt, hat Frankreich in ihren Anfängen eine besondere Rolle gespielt. Dort hatte man es mit einer alten reichentwickelten Erzeugung, die viele nationale Besonderheiten aufwies, zu tun, und dort stand man zu gleicher Zeit unter dem Druck des Artikel 11 des Frankfurter Vertrages. Jedenfalls hat unser westlicher Nachbar seinen Zolltarif sehr viel früher und reicher ausgestaltet, als wir den unsrigen. Während wir bis Ende 1902 nur 387 Tarifstellen besaßen, hatte bereits der französische Tarif von 1892 654 aufzuweisen. Auch sonst fehlte es nicht an Tarifen, die in der Reichhaltigkeit ihrer Gliederung den noch immer in erster Linie auf die Sicherung des einheimischen Marktes zugeschnittenen deutschen Zolltarif bedeutend übertrafen. Darum mußte Deutschland, wenn es nicht ins Hintertreffen kommen wollte, die Bewegung der Tarifspezialisierung mitmachen. Im Tarif vom 25. Dezember 1902 hat es seine Tarifstellen mehr als verdoppelt, auf 946 vermehrt. Inzwischen sind ihm andere Länder schon wieder vorausgeeilt. Anscheinend steht der neue schwedische Tarif von 1911, der nicht weniger als 1325 Tarifstellen aufweist, heute an der Spitze.

Solche Tarifspezialisierung hat allerdings eine volle praktische Bedeutung nur dann, wenn sich ihr internationaler Wert für den eigenen Handel in jedem einzelnen Fall genau ermessen läßt. Allein für sich vermehrt sie nur die Kompensationsobjekte, läßt aber nicht ihren Tauschwert erkennen. Ihn kann man nur feststellen mit Hilfe einer entsprechend spezialisierten Einfuhrstatistik. Ja, wenn eine Tarifspezialisierung volle Wirkung haben soll, muß ihr eine solche statistische Spezialisierung vorausgehen. Denn Kompensationsobjekte von unbekanntem Wert kann man nicht voll ausnutzen. Das ist von Deutschland übersehen worden. Mangels einer entsprechenden Statistik konnte die große Vermehrung der Tarifstellen, die im deutschen Zolltarif vom 25. Dezember 1902 vorgenommen worden ist, beim Abschluß der heute noch laufenden Bülowschen Handelsverträge nicht voll ausgenutzt werden. So erklären sich manche Unvollkommenheiten, die später als „Mißgriffe" vielfach getadelt worden sind. Erst 1911 hat man der Spezialisierung des Tarifs eine solche der statistischen Anschreibungen folgen lassen, indem man ihre Zahl im ganzen von 1172 auf 2231 und im einzelnen, zum Beispiel bei Maschinen, von 24 auf 64 erhöhte, womit dem Bedürfnis für längere Zeit Genüge getan sein dürfte. Dieser Fortschritt ist alsbald in den neuen Tarifverträgen zum Ausdruck gekommen. Bei ihrem Abschluß konnte viel erfolgreicher als bisher mit Spezialzugeständnissen gearbeitet werden.

Diese eine internationale Reaktion gegen die Meistbegünstigung darstellende Tarifspezialisierung, die eine entsprechende Spezialisierung der Einfuhrstatistik, sogar möglichst vorher, dringend erfordert, kann im allgemeinen als ein Fortschritt bezeichnet werden. Sie erleichtert nämlich den Abschluß von auch für Deutschland so wichtigen Tarifverträgen, der an sich durch die immer reicher sich entfaltende Entwicklung eine fortschreitende Erschwerung erfahren würde. Denn je mehr die Unterhändler ihrer Verantwortung sich bewußt sind, tragen sie natürlich bei den Vertragsverhandlungen mit einem einzelnen Lande Bedenken, Verschiedenartiges in sich schließende Tarifstellen zu ermäßigen. Die Gefahr der Vergeudung führt dann zu einem Übermaß an Vorsicht. Dieses psychologische Hemmnis, das einem Tarifvertrag um so leichter sich entgegensetzt, je schärfer die parlamentarische Überwachung ist, wird durch die geschilderte doppelte Spezialisierung beseitigt. Im Gegensatz zu verbreiteten Anschauungen muß man daher sagen: die Tarifspezialisierung steht nicht im Gegensatz zu Tarifverträgen, sondern liegt in ihrem Interesse.

Anderseits kann freilich auch nicht verkannt werden, daß diese Schmälerung der Bedeutung der Meistbegünstigung natürlich auch Mißstimmung hervorgerufen hat. Das mußte dort am stärksten der Fall sein, wo man der Meistbegünstigung den größten Wert beimaß, also in England und Deutschland. Zwischen beiden Ländern besteht aber noch ein Unterschied. Der geschichtliche Vorzug Englands, vor allem große Standard-Artikel auf dem Weltmarkt abzusetzen, wird hier zum Nachteil und umgekehrt der Nachteil Deutschlands, Tausenderlei von „german articles" im Ausland verkaufen zu müssen, zum Vorteil.

Schon an sich kann man mit Hilfe von Tarifspezialisierungen um so leichter und wirksamer angegriffen werden, je kleiner die Zahl der Angriffspunkte und je bedeutsamer jeder einzelne unter ihnen ist. Es kommt aber hinzu, daß der geschichtliche Unterschied in der gewerblichen Erzeugung beider Länder die deutsche Industrie mit einem sehr viel höheren Grad von Anpassungsfähigkeit ausgestattet hat, als die englische. Wie er die Bedürfnisse, Geschmacksrichtungen und Vorurteile seiner Kundschaft zu berücksichtigen weiß, so kann der deutsche Fabrikant sich auch spezialisierten Zolltarifen leicht anpassen, wenn es darauf ankommt. So erklärt es sich, daß die zunehmende Tarifspezialisierung, ohne gegen England gerichtet zu sein, doch England im allgemeinen am stärksten betroffen hat. Das zeigt sich zum Beispiel bei Englands wichtigstem Ausfuhrartikel, dem Baumwollgarn. Wie regelmäßig bei Qualitätsartikeln, sind auch hier in den meisten autonomen Zolltarifen die feineren Nummern mit einem höheren Zolle belastet. Da England diese vorzugsweise herstellt und Tarifverträge nicht abschließt, ergeben sich hier Zollermäßigungen mit Bindung nur zugunsten der gröberen Nummern, an denen England kein nennenswertes Interesse hat. Solange es für Baumwollgarne nur eine große Sammelstelle im Zolltarif gab, hatte natürlich die Meistbegünstigung für England eine größere Bedeutung; aber die eingetretene Änderung hängt doch mindestens ebenso wie mit der fremden Tarifspezialisierung, mit der eigenen Abgeneigtheit und Unfähigkeit, Tarifverträge abzuschließen, zusammen. Auch die zunehmende Tarifspezialisierung steigert in England das Verlangen, sich in einem Schutzzolltarif die bisher fehlende Grundlage für erfolgreiche Verhandlungen zu schaffen.

Im Gegensatz zu England bringt die zunehmende Tarifspezialisierung Deutschland, obwohl es an der Meistbegünstigung heute mindestens ebenso stark interessiert ist, mehr Vorteile als Nachteile. Denn aus dem dargelegten doppelten Grunde lohnt es sich meist wenig, die Tarifspezialisierung besonders auf Deutschland zuzuschneiden. Nur in Frankreich ist das unter dem Stachel des Revanchegedankens mit Eifer versucht worden. Anderseits hat Deutschland wegen der ungewöhnlichen Reichhaltigkeit seiner eigenen Erzeugung es in seiner gewerblichen Einfuhr zum großen Teil mit besonderen Spezialitäten zu tun, was die Ausnutzung des Tauschwertes der einzelnen engumgrenzten Zollstellen erleichtert. Auch das hat verschiedentlich Mißstimmung hervorgerufen; doch handelt es sich nur um wenige Fälle, die zum Teil den Charakter ausdrücklicher Repressalien tragen. Sie können nicht davon abhalten, an der erfolgreich durchgeführten Tarifspezialisierung als einem erprobten Mittel der Ausgestaltung der Meistbegünstigung festzuhalten. Freilich dürfte es kaum nötig sein, den geltenden autonomen Tarif vom 25. Dezember 1902, wie es mehrfach verlangt worden ist, noch weiter zu spezialisieren, da das neue statistische Warenverzeichnis eine darüberhinausgehende Spezialisierung beim Abschluß der einzelnen Tarifverträge sehr erleichtert.

V.

Ist die Tarifspezialisierung in wenigen Jahren zu einer breiten internationalen Bewegung angewachsen, so hat eine andere Art der Ausgestaltung der Meistbegünstigung, welche ihren rechtlichen Charakter unberührt läßt und doch tatsächliche Begünstigungen zur Folge hat, bisher kaum eine praktische Bedeutung gewonnen. Diese zweite Art bezieht sich nicht auf die Zollsätze, sondern auf die Zollgrenzen. Regelmäßig wird bei ihnen keine Unterscheidung gemacht, und doch liegt es auf der Hand, daß es tatsächlich für die Einfuhr oft von ausschlaggebender Bedeutung ist, ob sie zu Lande erfolgen muß oder zur See erfolgen kann.

Schon vorher ist darauf hingewiesen worden, daß die rechtliche Gleichstellung, welche die Meistbegünstigung schafft, keineswegs auch eine tatsächliche Gleichstellung zu sein braucht. Denn wegen ihres rein formalen Charakters sieht sie über alle tatsächlichen Unterschiede hinweg, unter denen die geographische Lage darum eine besondere Bedeutung hat, weil sie bestimmend ist für die die Einfuhr oft maßgebend beeinflussenden Transportkosten. Jeder Vorsprung, der sich in den Transportkosten ergibt, verwandelt die inhaltlose Gleichberechtigung zur tatsächlichen Gewährleistung einer Vorzugsstellung. Daher bedeutet der rein formale Rechtsgrundsatz der Meistbegünstigung in Wirklichkeit einen Rechtsschutz für die Einfuhr, die sich des billigen Seeweges bedienen kann, gegenüber der Einfuhr, die auf den kostspieligen Landweg angewiesen ist. Das heißt aber für Deutschland: die Meistbegünstigung zwingt uns, unsere unmittelbaren Nachbarn, wie Österreich und die Schweiz, bei der Wareneinfuhr ungünstiger zu stellen, als England und die Vereinigten Staaten. Die bisherige Unbeschränktheit der Meistbegünstigung liegt deshalb im Interesse dieser ausschließlich des Seeweges im Europaverkehr sich bedienenden Länder;

das Interesse Deutschlands dagegen, dessen geographische Besonderheit in seinem Nachbarreichtum und der Länge seiner Landgrenzen besteht, verlangt eine materielle Korrektur dieses rein formalen Grundsatzes.

Es wird schon länger als etwas Unnatürliches und Unsinniges empfunden, daß Deutschland durch die Meistbegünstigung sich daran hindern läßt, den Nachbarländern, mit denen es nach Stammesverwandtschaft und Geschichte kulturell, politisch und wirtschaftlich aufs engste verbunden ist, auch handelspolitisch eine entsprechende Stellung einzuräumen. Es widerspricht dem natürlichen Gefühl, daß ein Land, das durch unmittelbare räumliche Verbindung einen geographischen und geschichtlichen Anspruch auf einen Nachbarschaftsverkehr besitzt, im Warenhandel für alle Zeit schlechter gestellt sein soll, als ein Land, das in weiter Ferne auf ganz andersartiger Natur- und Kulturgrundlage sich aufbaut. Unter Aufrechterhaltung der vollen Meistbegünstigung, wie sie bisher der Artikel 11 des Frankfurter Friedensvertrages vorschrieb, ist das nur dadurch zu ändern, daß mit dem formalen Charakter der Meistbegünstigung eine materielle Berücksichtigung der geographischen Lage, die eine Begünstigung nicht rechtlicher, sondern bloß tatsächlicher Art darstellt, verbunden wird. Das ist dadurch möglich, daß im Zoll eine tatsächliche Unterscheidung nach der See- und Landgrenze durchgeführt wird in der Art, daß die Zollsätze an der Landgrenze niedriger sind als die Seezölle. Der Meistbegünstigung entsprechend kommen diese verschiedenen Sätze jedem gegenüber zur Anwendung, der über die See- und Landgrenze Waren einführt. Nur tatsächlich ist insofern ein Unterschied vorhanden, als die geographischen Verhältnisse es mit sich bringen, daß der Grenzverkehr auf der See- und Landseite nicht für alle die gleiche Bedeutung hat. Eine Herabsetzung der Landzölle hat für Deutschland in seiner Mittelstellung auf dem europäischen Festlande eine sehr viel weitergehende tatsächliche Bedeutung, als für England und die Vereinigten Staaten, obwohl es diesen natürlich nicht genommen ist, den Vorteil der niedrigeren Landzölle auch für sich in Anspruch zu nehmen. Die Rechte sind nach wie vor für alle Meistbegünstigten gleich; nur in der Möglichkeit ihrer Ausnutzung ergeben sich Unterschiede zu unseren Gunsten.

Es läßt sich allerdings nicht leugnen, daß eine solche Zollunterscheidung zugunsten der trockenen Grenze unter normalen Verhältnissen nicht unbeträchtliche Bedenken hat. Zwar weist die geographische Lage Deutschland darauf hin, den kontinentalen Handel nach Kräften zu pflegen. Aber es darf nicht übersehen werden, daß gerade dieser Handel mit den Ländern des europäischen Festlandes sich bisher in den Friedenszeiten bereits sehr günstig entwickelt hat. Nach Berechnungen Rathgens wies Deutschland 1890—1911 in jedem europäischen Staat außer Portugal eine stärkere Zunahme in seiner Einfuhr auf als England, so daß es auf dem ganzen europäischen Festland mit Ausnahme von Frankreich, Spanien, Portugal, Griechenland und der Türkei bereits einen Vorsprung vor England besaß. Aus diesen Tatsachen, die zum Teil sich daraus erklären, daß im Landtransport derjenige einen natürlichen Vorteil hat, der Umladungen ersparen kann, darf man folgern, daß der kontinentale Handel Deutschlands keiner besonderen Unterstützung bedarf; er kommt auch aus eigener Kraft, trotz der geschilderten Einseitigkeit der Meistbegünstigung, voran; wenn eine Änderung vorgenommen werden soll, muß sie zugunsten des überseeischen Handels vorgenommen werden, dessen Entwicklung dem Gesamtaufschwung unserer Volkswirtschaft nicht ganz entspricht und doch schließlich entscheidend ist für unsere Stellung in der Weltwirtschaft. Gerade hier haben wir es mit unserem gefährlichsten Konkurrenten zu tun, der hochentwickelten englischen Seedampfschiffahrt, deren Flotte zu Beginn des Krieges mit 12,5 Millionen Netto-Registertonnen die deutsche mit 3,1 Millionen Netto-Registertonnen vierfach übertraf. Auf keinem Gebiet des Wirtschaftslebens sind wir so zurückgeblieben, wie in der für den überseeischen Güterverkehr ausschlaggebenden Trampschiffahrt, in der das Mißverhältnis zwischen beiden Ländern sich auf etwa 1:12 steigert, sowie in dem ihr gewidmeten Schiffbau, der jedenfalls kein günstigeres Bild für Deutschland aufweist. Daraus kann man folgern, daß man der deutschen Seeschiffahrt ihre Entwicklung nicht durch irgendwelche Umgestaltung des Zollwesens zu ihren Ungunsten erschweren darf.

Unter den normalen Verhältnissen ruhiger Friedensentwicklung sind diese Gesichtspunkte ausschlaggebend und durch den Krieg haben sie den Anspruch, stets ernstlich berücksichtigt zu werden, gewiß nicht verscherzt. In normalen Friedenszeiten kam es aber auch gar nicht in Frage, eine Zollunterscheidung nach der Grenze in der dargelegten Art zur Einführung zu bringen. Denn es fehlte völlig an der Gelegenheit dazu. Erst ein siegreich verlaufender Krieg schafft diese Gelegenheit und gestaltet zugleich die Lage in wichtigen Beziehungen um.

Zunächst trifft der Krieg unsere überseeische Ausfuhr natürlich am stärksten. Solange er dauert, stockt sie fast völlig. Auch nach dem Kriege wird sie noch sehr darniederliegen. Insbesondere in den Ländern Süd= und Mittelamerikas haben wir infolge einerseits der verminderten Kaufkraft dieser Gebiete und anderseits der gesteigerten panamerikanischen Bestrebungen der Vereinigten Staaten mit einem Ausfall, wie wir sahen, zu rechnen, und wir haben nach Siegesrecht ebenso wie nach Rücksichten der Gerechtigkeit einen Anspruch auf Entschädigung auf Kosten Englands und der Vereinigten Staaten.

Der Krieg schafft aber zweitens an unseren Landgrenzen hoffentlich eine handelspolitische Lage, wie sie im Frieden unbekannt ist. Er kann für die gewaltigen Opfer, die er fordert, uns nur einigermaßen entschädigen, wenn er unsere Grenzen hinausschiebt, im Osten, um die agrarische Grundlage unserer Volkswirtschaft durch neuen Siedelungsboden zu erweitern, im Westen, um die reichsten und höchstentwickelten Gebiete unseres Vaterlandes wirksamer zu schützen. Solche politische Losreißung von Gebietsteilen unserer Feinde aus strategischen Gründen oder aus anderen Lebensbedürfnissen unseres Volkes zerreißt aber Beziehungen des Angebots und der Nachfrage, die für das Wirtschaftsleben dieser Gebiete von entscheidender Bedeutung sind. Das läßt sich nicht ganz vermeiden, aber man sollte doch bemüht sein, bei Lösung des politischen Zusammenhangs der Untertanenschaft den wirtschaftlichen Zusammenhang der Kundschaft, wenigstens für einige Zeit, noch möglichst zu wahren. Unser Interesse gebietet es, mit der Produktionskraft der neuen Gebiete auch ihren Absatzmarkt zu erwerben. Das kann nur dadurch geschehen, daß wir möglichst viel von ihren wirtschaftlichen Beziehungen zu dem Land ihrer bisherigen politischen Zugehörigkeit aufrechterhalten. Sonst muß der Zuwachs an Produktionskraft wenigstens eine Zeitlang — wie wir es in kleinem Maßstab nach dem Krieg von 1870/1871 mit der Mülhauser Industrie erlebt haben — einen starken Druck der Überproduktion auf dem einheimischen deutschen Markt hervorrufen. Den an den neuen Grenzen für die eroberten Gebiete nötigen Vorzugsabsatz vermag die dargelegte Zollunterscheidung nach der Grenze zu sichern. Eine Bevorzugung der Landgrenze bedeutet für sie die Aufrechterhaltung der wirtschaftlichen Nachbarschaftsverhältnisse, aus denen sie ihre Lebenskraft bisher gesogen haben. Mit Hilfe dieser Maßnahme kann eine Übergangszeit geschaffen werden, welche eine langsame Anpassung an die neuen Verhältnisse ermöglicht.

Für einen solchen Zwangseingriff in die bisherigen handelspolitischen Verhältnisse spricht endlich noch eine ganz allgemeine Erwägung. Je länger der Krieg dauert, je mehr er die eigenen Kriegskosten anschwellt und die Zahlungsfähigkeit der Feinde schmälert, um so mehr schwindet die Aussicht, einen vollen Ersatz aller entstandenen Schäden zu erhalten, zumal da es bisher zweifelhaft ist, ob wir England zu einer beträchtlichen Kriegsentschädigung werden nötigen können. Die dargelegte Zollunterscheidung, die wir als Sieger an unseren feindlichen Landgrenzen erzwingen können, schafft die Möglichkeit eines wenigstens teilweisen Ersatzes. Sie trifft zwar finanziell auch Frankreich, aber vor allem kommerziell England. Während des Krieges können wir wenig unternehmen gegen alle die Maßnahmen der Gewalt und der Tücke, die England gegen den erfolgreichen deutschen Handel und seine verdienten Pioniere rings in der Welt ergriffen hat; nach dem Kriege bietet sich hier noch eine nachträgliche, wenn auch keineswegs ausreichende Gelegenheit. Wenn wir sie nutzen, so ist das nur eine rechtmäßige Kriegsmaßnahme, für die wir Duldung verlangen, ebenso wie voraufgegangene Maßnahmen der Engländer geduldet wurden. Wenn man sonst unserem Willen sich fügt, wird man sie vielleicht abwenden oder ablösen können. Tut man das nicht, so suchen wir uns selbst mit diesem rechtmäßigen Mittel, das uns zur Verfügung steht, nach Kräften das zu verschaffen, was uns zukommt, indem wir auf dem Nachbarmarkt mit seiner widerstrebenden Kundschaft etwa für ein Jahrzehnt eine Vorzugsstellung uns erzwingen, die es uns ermöglicht, die anfängliche künstliche Bereicherung später auch ohne Sonderschutz ganz oder größtenteils aufrechtzuerhalten. Beim kleinen Krieg von 1870/1871 war für den Übergang vom Kriegszustand zum Friedenszustand im Frankfurter Vertrage eine Frist von vier Jahren vorgesehen; für den gewaltigen Weltkrieg, den wir heute durchleben, kann eine Übergangszeit von zehn Jahren nicht als zu lang erachtet werden.

Durch den Krieg hat also diese zweite Art der Ausgestaltung der Meistbegünstigung nach Begründung und Ausführung ein völlig anderes Gesicht bekommen. Große allgemeine Gesichtspunkte, die den herkömmlichen Betrachtungen in Friedenszeiten völlig fremd sind, sprechen für sie, und die Hauptfrage ist jetzt nur noch, wieweit die Maßnahme nachteilige Begleiterscheinungen aufzuweisen hat, die, trotz der drei Gründe, die gewichtig für sie in die Wagschale fallen, dazu veranlassen könnten, von ihr abzusehen.

Bei der Beantwortung dieser Frage müssen wir zunächst unterscheiden zwischen den westlichen und östlichen Nachbarn, mit denen wir im Krieg uns befinden. Frankreich erleichtert die Antwort außerordentlich durch seine Statistik. Es unterscheidet nämlich infolge seiner einseitigen Schiffahrtspolitik, die auch wieder mit dem Artikel 11 des Frankfurter Friedens in Zusammenhang steht, bei seinen Anschreibungen — allerdings nur im Generalhandel und nur dem Gewichte nach — die Einfuhr, die auf dem Landwege, und die auf Schiffen, und zwar französischen und fremden Schiffen eingegangen ist. Aus ihr ergibt sich, daß nächst Belgien Deutschland weitaus an erster Stelle an der Einfuhr über die trockene Grenze interessiert ist. 1912 entfielen von der französischen Einfuhr aus Deutschland, die auf rund eine Milliarde (999,2 Millionen) Franken sich belief, nicht weniger als 7,7 Mill. t (85,17%) auf den Landweg und nur 1,2 Mill. t (14,83%), von denen fast 0,9 Mill. t Steinkohlen und Koks waren, auf den Seeweg, während von der in der französischen Statistik den ersten Platz einnehmenden Einfuhr aus England natürlich nur ein verschwindender Anteil — nämlich 0,93% — auf den Landweg kommt. Diese Ziffern liefern den klaren Beweis, daß in Frankreich eine Begünstigung der Landeinfuhr uns gegenüber der englischen Konkurrenz in hohem Maße zugute kommen würde; sie würde uns auf die erste Stelle in der französischen Einfuhr erheben und uns zugleich in Handel und Schiffahrt nur wenig schaden können, da einerseits die deutsche Einfuhr zur See nur zu knapp 22% auf deutschen und mehr als 78% auf fremden Schiffen erfolgt und anderseits Belgien, das wir zu besserem Schutz unseres Vaterlandes hoffentlich fest in der Hand behalten, eine Einfuhr auf der Seeseite nur in Höhe von 1,75% aufweist. Für Frankreich kann somit der statistische Nachweis erbracht werden, daß die als vorübergehende Kriegsmaßnahme befürwortete Zollunterscheidung nach der Grenze uns große Vorteile bei ganz geringfügigem Schaden bringen müßte.

Für das feindliche Nachbarland im Osten kann nicht nur ein gleicher Nachweis nicht erbracht werden, sondern ist es auch fraglich, ob die Verhältnisse gleich günstig liegen. Zwar würde eine Bevorzugung der Landgrenze, mit der allerdings Maßnahmen zur Sicherung unserer Einfuhr aus Rußland sich verbinden müßten, den schwer heimgesuchten und einer Begünstigung besonders bedürftigen Provinzen Ostpreußen und Westpreußen mit ihrem fast $1/2$ Milliarde Mk. umfassenden Durchfuhrhandel von Memel, Königsberg und Danzig, sowie mit ihrer Holzindustrie, ihren Sägemühlen und Zellstoffabriken, große Vorteile bringen und auch der schlesischen Industrie in ihrer schwierigen meerfernen und peripherischen Lage bedeutsame Erleichterungen schaffen. Trotzdem spielen hier die Nachteile eine größere Rolle. Denn da unsere leistungsfähigste Ausfuhrindustrie im Westen liegt und für sie der lange Landweg regelmäßig zu teuer ist, muß angenommen werden, daß der Seeweg an der deutschen Ausfuhr nach Rußland weit stärker, als an der nach Frankreich, und zwar recht beträchtlich beteiligt ist, was hier im Osten einen Gegensatz zwischen den Interessenten an der Landgrenze und denen an der Seegrenze in ganz anders unerfreulichem Maße hervorrufen muß, als das Frankreich gegenüber möglich ist. Da wir außerdem auf dem russischen Markt bereits bisher den weitaus ersten Platz einnahmen und hier auch kaum mit nachhaltigen Boykottversuchen, wie in Frankreich, zu rechnen haben, und da wir hier für eine unzureichende bare Kriegsentschädigung uns in dem Gut, an dem Rußland reicher ist als ein anderes Land — an Grund und Boden — Ersatz schaffen können, fällt ein wichtiger Teil der Gründe, der Frankreich gegenüber für diese Maßregel spricht, hier fort. Ist es möglich, auf andere Weise — etwa durch staatsrechtliche Neubildungen — der zum Teil hochentwickelten Industrie der eroberten Gebiete den russischen Markt zeitweise zu erhalten, so dürfte es fraglich sein, ob das, was für den Westen sich empfiehlt, hier sich rechtfertigen läßt. Nur eine eingehende Untersuchung mit Hilfe der Eisenbahnverwaltungen und Schiffahrtsbetriebe dürfte eine sichere Antwort ermöglichen.

Wird die befürwortete Maßnahme in der angedeuteten beschränkten Weise — vielleicht nur Frankreich gegenüber — zur Einfuhr gebracht, so dürfte sie auf wenig praktischen Widerstand stoßen. Denn einmal ist sie keineswegs etwas völlig Neues. Das britische Reich — ganz besonders seine Dominien — und die Vereinigten Staaten sind es gewesen, die zuerst und am nachdrücklichsten für ein zollpolitisches Nachbarschaftsrecht — das sogenannte „Limitrophe Principle" — eingetreten sind. Auch in der russischen Zollpolitik ist eine Unterscheidung der Land- und Seegrenze nicht unbekannt und noch heute besteht sie für eine ganze Reihe von Zollstellen im österreichisch-ungarischen Tarif. Sie ist in allen diesen Fällen mit der vollen Meistbegünstigung vereinbar gehalten worden; bei einer vorübergehenden Kriegsmaßnahme darf das nicht anders sein. Aber die Klugheit gebietet, einem Einspruch nach Kräften vorzubeugen. Das kann dadurch geschehen, daß man die Bevorzugung der Einfuhr zu Lande nicht auf alle zollpflichtigen Waren erstreckt. Man kann unter ihnen frei auswählen. Diese Auswahl kann man so vornehmen, daß sie sich hauptsächlich gegen England und nicht gegen neutrale Staaten richtet. Eine solche Auswahl empfiehlt sich auch ferner darum, weil Frankreich gemeinsame Landgrenzen ja nicht nur mit Deutschland, sondern auch mit Italien, Spanien und der Schweiz hat. Auch mit Rücksicht darauf sind für die Zollbevorzugung möglichst solche Waren auszusondern, an denen Deutschland und nicht die drei genannten Länder hauptsächlich interessiert sind. So könnte auch der Rest der Bedenken entkräftet werden können und es bliebe eine Maßnahme, die unsere handelspolitische Machtstellung gegenüber demjenigen Gegner beträchtlich verbessern kann, der unseren Handel schon während des Krieges am schwersten geschadet hat und auch nach dem Kriege am meisten schaden kann. Je weniger wir andere Machtmittel ihm gegenüber gewinnen, um so wichtiger wird dieses.

VI.

Auch an einer anderen Stelle kann das „die See beherrschende" England, wenn es einmal darauf ankommen sollte, getroffen werden. In Verbindung mit der Seeschiffahrt ist nämlich noch eine zweite tatsächliche Unterscheidung möglich, welche mit der formalen Rechtsnatur nicht nur der unbedingten Meistbegünstigung, wie sie den Warenverkehr beherrscht, sondern auch der weitergehenden Gleichstellung, wie sie regelmäßig für den Schiffsverkehr gilt, durchaus vereinbar ist. Auch hier ist nur die ausdrückliche Bevorzugung eines Landes vor dem anderen untersagt und das bedeutet unter der Herrschaft des Grundsatzes der Gleichstellung natürlich mehr als nach der bloßen Meistbegünstigung. Während im Warenverkehr regelmäßig nur die Waren eines fremden Landes vor denen eines anderen nicht ausdrücklich begünstigt werden dürfen, ist hier überhaupt die Belastung einer Flagge vor der anderen, auch der eigenen (surtaxe de pavillon) untersagt. Aber wie ein tatsächlicher Unterschied nach der geographischen Beschaffenheit der für alle überschreitbaren Grenze gemacht werden kann, so auch nach dem Verkehrsweg, der von allen Ländern eingeschlagen werden kann. Kein Rechtshindernis steht dem entgegen, die direkte und die indirekte Einfuhr zur See voneinander zu unterscheiden. Jede Flagge, die einheimische wie fremde, kann sich an der unmittelbaren Fahrt zwischen dem Ursprungslande und dem Bestimmungslande beteiligen. Es ist demnach keine rechtliche Benachteiligung eines Landes, wenn allgemein die indirekte Fahrt aus einem anderen, als dem Ursprungslande, mit Zuschlägen, die noch immer, wie zur Zeit des überseeischen Niederlageverkehrs „surtaxes d'entrepôt" genannt werden, belastet wird. Tatsächlich bedeutet freilich eine solche Unterscheidung die Förderung unmittelbarer Handelsbeziehungen mit fremden Ländern und die Bekämpfung des fremden Zwischenhandels. Da dieser in allen anderen Ländern zusammen nicht eine solche Rolle spielt wie in England, so richtet sich eine Bevorzugung der direkten vor der indirekten Einfuhr, wie sie heute rechtlich gestattet ist, tatsächlich gegen England, und zwar gegen einen wichtigen Pfeiler seiner bisherigen Handelsmacht.

Dürfte die rechtliche Zulässigkeit einer solchen Unterscheidung kaum zu bestreiten sein, so steht eine zweite Maßregel, welche eine Bekämpfung des fremden Zwischenhandels noch leichter und daher wirksamer ermöglicht, nicht ganz außer Zweifel. Das ist die Bevorzugung der Wareneinfuhr, die auf Seeschiffen des Ursprungs- oder Bestimmungslandes erfolgt. Im Einzelfall wird dadurch allerdings ein Land vor dem anderen bevorzugt; im Einzelfall ist die Gleichstellung beseitigt. Aber im ganzen liegt eine ausdrückliche Bevorzugung keines Landes vor; denn alle kommen als Ursprungsländer in Betracht. Im ganzen bleibt also die Gleichstellung bestehen. Das dürfte den Ausschlag geben. Daher darf auch hier angenommen werden, daß Rechtsgründe nicht entscheidend gegen eine solche Maßregel ins Gewicht fallen, wenn Zweckmäßigkeitsgründe energisch für sie sprechen.

Über diese Zweckmäßigkeit kann ein endgültiges Urteil heute noch nicht gefällt werden. Fraglos ist in der Seeschiffahrt der Zustand der erfreulichste, der die rechtliche Gleichstellung ohne Einschränkung zu einer tatsächlichen ausgestaltet. Das ist ein Ideal, nach dem auch wir streben müssen. Aber das Wesentliche dieses Ideals ist volle Gegenseitigkeit. Fällt sie fort, verliert es seine praktische Bedeutung. Es wäre ein schädlicher Doktrinarismus, auch dann noch einseitig an ihm festzuhalten. Und es kann nicht geleugnet werden, daß diese volle Gegenseitigkeit bereits vor dem Kriege beeinträchtigt war und durch ihn noch weiter gefährdet wird. Ganz unabhängig von uns sind starke Kräfte am Werke, die Schiffahrtspolitik wieder in ähnlicher Weise zu einem gleichwertigen Zweig der Handelspolitik zu machen, wie das in der Zeit des Merkantilsystems der Fall war.

Von drei Seiten sind im Frieden diese Bestrebungen besonders ausgegangen. Voran steht Frankreich. Es hat von allen Ländern allein den Zusammenhang mit der alten merkantilistischen Schiffahrtspolitik bis in die Gegenwart ununterbrochen sich erhalten. Denn seit dem Zoll- und Steuergesetz vom 28. April 1816, mit dem es die alte Periode der Verbotsbestimmungen beendigte, hat es die indirekte Einfuhr aus europäischen Hafenplätzen mit Zollzuschlägen belegt. Auch die napoleonischen Handelsverträge der sechziger Jahre und die internationale Freihandelsbewegung haben das nicht geändert. Die Fesselung, die Frankreich durch den Friedensvertrag mit Deutschland im Warenverkehr erfuhr, hat sogar dazu beigetragen, diese Maßregel zunächst 1872 und sodann 1892 weiter auszugestalten. Danach wird die direkte Einfuhr aus allen fremden Ländern durch Zuschläge für die indirekte und diejenige aus den französischen Kolonien durch Ermäßigungen für die direkte Einfuhr begünstigt. Auch an weiteren Versuchen der Begünstigung im Anschluß an die Seeschiffahrt hat es nicht gefehlt. Aber wie die unmittelbar nach dem Kriege von 1870/1871 eingeführten Flaggenzuschläge durch das Gesetz vom 30. Januar 1872 mit Rücksicht auf einen Vertrag zwischen Frankreich und Österreich wieder beseitigt werden mußten, so ist es auch nicht gelungen, eine Bevorzugung der französischen Flagge in der Ausfuhr dadurch herbeizuführen, daß für Waren, welche mit französischen Schiffen ins Ausland befördert werden, Vorzugstarife auf den französischen Eisenbahnen zur Anwendung gebracht werden. Deutschland hat wenigstens auf Grund der Meistbegünstigung Widerspruch gegen diese Art der Unterscheidung erhoben. Sie scheint eine praktische Bedeutung nicht gewonnen zu haben. Aber der Geist ist lebendig geblieben, der aus diesen Versuchen spricht, und er hat einen neuen scharfen Ansporn gewonnen durch das Schicksal dieses neuen Krieges.

Frankreich, dem Lande, in dem die Überlieferung trotz aller Revolutionen stets einen besonders starken Einfluß ausgeübt hat, schließen sich die an alten Traditionen besonders armen Vereinigten Staaten an. Ihre unablässigen Versuche, von neuem eine merkantilistische Schiffahrtspolitik durchzuführen, wachsen hervor aus der Tatsache, von der Präsident Harrison in seiner Botschaft an den amerikanischen Kongreß vom Dezember 1889 gesagt hat, sie sei „more justly humiliating to the national pride and more hurtful to the national prosperity", als irgend etwas anderes. Das ist der schwere Rückgang der amerikanischen Handelsflotte. Noch kurz vor dem Bürgerkrieg vollzogen sich reichlich zwei Drittel des amerikanischen Außenhandels auf amerikanischen Schiffen, in der Gegenwart dagegen beziffert sich der Anteil der amerikanischen Flagge auf 8%. Von 2,6 Mill. Registertonnen im Jahre 1861 ist der Tonnengehalt der amerikanischen Seeschiffe auf etwa ein Drittel herabgegangen, obwohl gleichzeitig der Auslandhandel der Vereinigten Staaten sich vervielfacht hat. Etwa 800 Mill. Mk. glaubt man alljährlich fremden Reedern zahlen zu müssen. Diese Scharte auswetzen und diesen Verlust vermeiden, ist zu einem der sehnlichst erstrebten Ziele des amerikanischen Ehrgeizes geworden. Aber so feurig der Eifer und rastlos das Bemühen war, so dürftig ist bisher der Erfolg. Die Befürworter von Begünstigungszöllen und die von unmittelbaren Subventionen für die Seeschiffahrt haben sich zu durchgreifenden Maßregeln noch nicht einigen können. Allerdings ist bereits in dem Mc=Kinley=Tarif von 1890 die Bestimmung aufgenommen worden, daß Waren, die auf nichtamerikanischen Schiffen eingeführt werden, einem Zuschlagszoll von 10% des Wertes unterworfen sind.

Aber obwohl diese Bestimmung in alle späteren Zollgesetze übergegangen ist, ist sie doch auf dem Papier geblieben, da die Abmachungen in 35 Handelsverträgen ihrem Inkrafttreten entgegenstehen. Auf die Beseitigung dieser Verträge ist dann das Bestreben gerichtet gewesen, aber es ist niemals voll durchgedrungen. Vor allem seit dem Gesetzesvorschlag des Senators Frye vom 20. Juni 1894 haben sich Untersuchungen und Anträge gedrängt, aber über eine Reihe weiterer papierener Bestimmungen ist man nicht hinausgelangt. Trotzdem kann man die Lage keineswegs als gefahrlos bezeichnen. Sie war es schon vor dem Kriege nicht und ist auch hier weiter verschärft worden. Ehrgeiziger und energischer als bisher wird der Amerikaner das alte Ziel verfolgen. Auf Angriffe muß man auch hier gefaßt sein.

Weit mehr gilt das jedoch mit Bezug auf England. Weil es ein Inselland ist, haben stets Maßnahmen, welche die Seeschiffahrt betreffen, eine besondere Rolle in seiner Handelspolitik gespielt. Kein anderes Land hat sie so scharf ausgebildet und beharrlich gehandhabt. Die Navigationsakte Cromwells hat zwei Jahrhunderte in Kraft gestanden, bis ihr Ziel, die Seeherrschaft, erreicht war und größte Ver=

kehrsfreiheit im englischen Interesse lag. Aber obwohl England in der Schiffahrt der Welt immer noch an der Spitze steht und mehr Seeschiffe besitzt, als alle anderen Völker zusammen, hat doch auch im britischen Reich der Wind umzuschlagen begonnen. Die großen englischen Selbstverwaltungskolonien sind es, welche auch hier einen merkantilistischen Geist von neuem in die Schiffahrtspolitik hineintragen, und zwar sind sie dabei von der Küstenschiffahrt ausgegangen. Unter ihnen steht bezeichnenderweise die große Inselkolonie Australien voran, für welche die Seeschiffahrt nicht nur wegen ihrer Abgelegenheit für ihre Verbindung mit der Außenwelt, sondern wegen ihrer überwiegenden Küstenbesiedelung und ihrem Mangel an Überlandbahnen auch für den Binnenverkehr eine Bedeutung hat, wie kaum anderswo auf dem Erdball. Nirgends ist aber auch die Seeschiffahrt so angreifbar. Denn der am dichtesten bewohnte und am höchsten entwickelte Teil Australiens ist bekanntlich Europa abgewandt. Wer von der alten Welt aus zu ihm gelangen will, muß stets der Küste Australiens — meist im Süden — auf weite Entfernung entlang fahren. Nirgends sind Küstenschiffahrt und Überseeverkehr so eng verwachsen. Der Küstenschiffahrt ist jedoch regelmäßig eine Sonderstellung eingeräumt. Sie wird als ein Anhängsel des nationalen Wirtschaftskörpers betrachtet und von den internationalen Vereinbarungen über den Seeverkehr ausgenommen. Dieser Vorbehalt der Küstenschiffahrt zugunsten der eigenen Flagge berührt in Deutschland mit seiner kurzen Nordseeküste die große Schiffahrt nach fremden Ländern so gut wie gar nicht. In Australien ist das aber anders. Wer dort die Küstenschiffahrt regelt, trifft auch die internationale Schiffahrt. Das hat sich der neue Commonwealth of Australia rücksichtslos zunutze gemacht. Seine zahlreichen Gesetzgebungsversuche haben endlich im Schiffahrtsgesetz vom 24. Dezember 1912, das am 12. August 1913 die Genehmigung des Königs von England erhalten hat, einen gewissen Abschluß gefunden. Nach ihm wird die Schiffahrt zwischen den australischen Hafenstädten nicht nur mit allerhand tief einschneidenden Betriebsvorschriften belastet, sondern vor allem von fremden Regierungen subventionierten Dampfern überhaupt untersagt, während für britische Postschiffe eine zeitweilige Ausnahme vorgesehen ist. Solche Maßnahmen, welche zum Entschluß, unsere Reichspost-Dampferlinie nach Australien aufzugeben, stark mitgewirkt haben, sind nicht auf dieses europafremde Gebiet beschränkt geblieben. Auch Kanada hat durch ein Order in Council vom

13. Januar 1908 die Küstenschiffahrt allen Schiffen unter nichtbritischer Flagge untersagt und außerdem im kanadisch-französischen Handelsvertrag, der am 1. März 1910 in Kraft getreten ist und eine neue Periode in der kanadischen Wirtschaftspolitik einleiten sollte, die vielsagende Bestimmung (Art. 8) getroffen, daß die Vertragsermäßigungen nur auf Güter, die aus dem anderen Vertragsstaat oder einem gleich begünstigten anderen Lande direkt eingeführt werden, Anwendung finden sollen, sowie sich ausdrücklich das Recht vorbehalten, den indirekten Handel mit einem „surtaxe d'entrepôt" zu belegen. Australien und Kanada sind es auch vor allem gewesen, welche auf den Reichskonferenzen von 1902, 1907 und 1911 einstimmige Beschlüsse zugunsten von Maßregeln „to promote imperial trade in British vessels" durchzusetzen wußten. Der Krieg wird diese imperialistischen Bestrebungen im britischen Reich nicht schwächen, sondern stärken. Damit müssen wir vor allem in der Seeschiffahrt bei einer Neuregelung unserer Handelspolitik rechnen. Wir müssen uns die Hände frei machen und frei halten, um, wenn es nötig wird, mit den dargelegten Maßregeln der Schiffahrtspolitik gewaltsamen oder tückischen Angriffen mit aller Wucht und Schärfe begegnen zu können. Gerade hier, wo wir besonders verwundbar sind, darf die handelspolitische Rüstung keine Lücke aufweisen.

VII.

Eine ihren Tauschwert erhöhende Ausgestaltung ist bei der Meistbegünstigung unter Aufrechterhaltung ihres vollen uneingeschränkten Begriffes nur möglich durch Tarifspezialisierung und Zollunterscheidung nach der Grenze und der Herkunft der Seeschiffe. Ist es aber nötig, die Meistbegünstigung in dieser Unbedingtheit aufrechtzuerhalten? Solange der Frankfurter Friedensvertrag in Kraft stand, war für Deutschland wie Frankreich ein rechtlicher Zwang dazu vorhanden. In der großen Bewegung der Weiterentwicklung der Meistbegünstigung kam Deutschland infolge des Artikel 11 nur als Objekt, nicht als Subjekt in Betracht. Es war zum Zuschauen und Dulden verurteilt. Durch den Krieg hat es seine Handlungsfreiheit wiedergewonnen. Wie es vorher schon führend war im Abschluß von Tarifverträgen, so kann es jetzt auch bei der Ausgestaltung der Meistbegünstigung die Führung übernehmen und erst damit im vollen Maße sein Ziel, im internationalen Handel einen lauteren Wettbewerb (fair competition) zu sichern, erreichen.

Wenn ein Staat nicht selbst durch einen Vertrag sich gebunden hat, kann er natürlich frei bestimmen, was er einem anderen Staat gewähren will. Er kann also bei der Meistbegünstigung nach Gutdünken festsetzen, worauf sie sich beziehen, worin sie bestehen, wie lange sie dauern soll. Umfang, Inhalt und Dauer kann er ganz bemessen, wie es ihm gut dünkt.

Der Umfang ist begrifflich außerordentlich weit. Ohne irgendwelche Beschränkung bedeutet Meistbegünstigung ganz allgemein, daß die Angehörigen eines fremden Staates in keiner Beziehung ungünstiger gestellt werden sollen, als die eines anderen. Solche Generalklausel, die sich auf Personen, Waren und Schiffe bezieht, konnte genügen, solange die Rechte der Einheimischen stark beschränkt waren und Zahl und Tätigkeit der Fremden sich in engen Grenzen hielten. Je mehr einerseits das Bürgerrecht und anderseits der Fremdenverkehr sich entwickelten, um so mehr wurde es nötig, im einzelnen zu bestimmen, was mit diesem allgemeinen Recht der Meistbegünstigung gemeint sein sollte. So bildete sich schon in der bisherigen Praxis die internationale Gewohnheit heraus, die Rechte fremder Personen und fremder Schiffe besonders zu regeln und die eigentliche Meistbegünstigung allein zu beziehen auf den Warenverkehr. Ihr Inhalt schnürte sich dahin zusammen: die Waren eines fremden Staates können zwar natürlich ungünstiger als einheimische, sollen aber nicht ungünstiger, als die eines anderen fremden Staates, behandelt werden. Dabei ging man ursprünglich davon aus, daß eine Unterscheidung zwischen ausländischen und inländischen Waren nur an der Grenze gemacht werden könne. Mit dem Übergang vom Ausland ins Inland hörte der Unterschied zwischen ausländischer und inländischer Ware auf. Mit der Überschreitung der Grenze verlor der Grundsatz der Meistbegünstigung seine Geltung und der der Gleichstellung trat, statt seiner, in Kraft. Diesseits der Grenzen sollten alle Waren, woher sie auch stammen mochten, gleich behandelt werden. Sie sollten alle den gleichen Schutz genießen, denselben inländischen Abgaben unterworfen sein, zu den gleichen Bedingungen transportiert werden. Das war auch vielfach nur die natürliche Folge der tatsächlichen Verhältnisse; denn wenn man nicht unmittelbar sah, daß eine Ware aus dem Ausland hereingeschafft wurde, war sie als ausländische sehr vielfach nicht mehr zu erkennen. Rechtlich wie tatsächlich hörte die Unterscheidung im Inland auf.

Als aber mit der neuzeitlichen Entwicklung des Verkehrswesens der Handel in ausländischen Waren eine früher ungeahnte Ausdehnung annahm, und der internationale Wettbewerb sich damit immer mehr verschärfte, da entstand das Bestreben, den ursprünglichen Meistbegünstigungsbegriff auch dadurch zu schmälern, daß man den ausländischen Charakter der Ware auch im Inland zu bewahren suchte. Gerade wo der Staat an der Grenze den Unterschied wenig beachtete, hatte er den Wunsch, daß er im Inland von den Staatsangehörigen, den Käufern und Verbrauchern, Berücksichtigung fände. Was dem Staate nationale Interessen nach althergebrachter Ansicht verwehrten, sollte das Empfinden des einzelnen nachholen. Dieser Versuch, das Nationalgefühl wirtschaftlich im Einzelfalle auszubeuten, der bezeichnenderweise im Freihandelsland England zuerst systematisch unternommen wurde, hatte aber zur Voraussetzung, daß die ausländische Ware im Inland als solche leicht erkennbar war. Bei der unübersehbaren Fülle gewerblicher Erzeugnisse und der unruhigen Neuerungssucht der neuzeitlichen Fabrikation konnte man es unmöglich dem einzelnen kleinen Käufer im Volke überlassen, über die Herkunft der einzelnen Ware sich ein Urteil zu bilden. Das hätte ohne arge Mißgriffe nicht abgehen können und die Ungewißheit über die Herkunft mußte von vornherein jede wirksame Betätigung des vaterländischen Sinnes lähmen. Darum durfte man Waren nur über die Grenze lassen, die auf ihrem ganzen Weg bis zum letzten Verbraucher als ausländische Erzeugnisse für jeden deutlich erkennbar sind. So entstand in England 1887 — eine neue Stufe in der Entwicklung einleitend — das englische Markenschutzgesetz „made in Germany", das fremde Waren nur ins Inland läßt, wenn sie ausdrücklich ihr Herkunftsland bezeichnen. Die Erfahrung hat zwar bewiesen, daß wirtschaftliche Vorteile auch starke nationale Abneigungen zu überwinden vermögen, aber das Streben, den Auslandcharakter fremder Waren für die ganze Dauer ihres Lebenslaufes zu erhalten, ist bestehen geblieben, und damit sind bestehen geblieben auch gefährliche Ansätze für weitere Entwicklungen. Welche Tendenzen auf dieser Grundlage unter der Einwirkung des Krieges entstanden sind, zeigt in erschreckender Weise die in London ins Leben gerufene „Anti-german League", die im Frühjahr 1915 ihren schamlosen Aufruf in den englischen Zeitungen veröffentlichte. Sie will für alle Zeit alles Deutsche bekämpfen, hat sich das geschmackvolle Motto „Everything german

Taboo" gewählt und verpflichtet ihre Mitglieder in dem „Anti-german Pledge" „keinerlei deutsche oder österreichische Waren zu kaufen oder zu verzehren", „mit keiner deutschen oder von Deutschen kontrollierten Gesellschaft Verträge abzuschließen und auf keinem deutschen Schiff Waren zu versenden oder zu reisen", „jeden Händler zu boykottieren, der England weiter mit deutschen oder österreichischen Waren versorgt, während britische Waren von gleicher Qualität und zu gleichem Preis zur Verfügung stehen" usw. Auch wenn man vieles als vorübergehende ungeheuerliche Kriegsübertreibung in Abzug bringt, bleibt doch noch genug übrig, das zur Vorsicht mahnen kann.

Das englische Gesetz von 1887 ist bekanntlich nicht allein geblieben. Besonders in Frankreich hat es Nachahmung gefunden. Im berüchtigten § 15 des französischen Zolltarifgesetzes vom 11. Januar 1892 sind von der Einfuhr, der Durchfuhr und jeglichem Verkehr ausgeschlossen „alle ausländischen Natur- und Gewerbeerzeugnisse, welche auf sich selbst oder auf den Umschließungen, Kisten, Ballen, Umschlägen, Streifen oder Etiketten usw. eine Fabrik- oder Handelsmarke, einen Namen, ein Zeichen oder irgendeine Angabe tragen, die den Glauben zu erwecken geeignet ist, daß sie in Frankreich verfertigt oder französischer Herkunft ist". Alle solche Waren müssen durch den Aufdruck „Importé" deutlich gekennzeichnet werden. Auf diesen Vorschriften, denen noch ein berechtigter Kern trotz ihrer Schärfe nicht abgesprochen werden kann, baute sich eine unerfreuliche Entwicklung auf. Sie sind in letzter Zeit fortschreitend verschärft worden. Nicht nur ist der Kreis der Waren, auf die sie angewendet werden, bedeutend erweitert worden, sondern es ist durch Ausführungsverordnung vor allem auch 1905 bestimmt worden, daß der Einfuhrbezeichnung das Ursprungsland hinzugefügt werden muß. Damit ist die Gesetzesvorschrift in eine ausgesprochene Kampfmaßregel umgewandelt worden. Sie bot jetzt die bisher fehlende Grundlage für Boykottbestrebungen, die dann auch, anscheinend mit Unterstützung der französischen Regierung, gegen Deutschland in Szene gesetzt wurden. Was schon vor dem Kriege unternommen wurde, wird nach dem Kriege noch in größerer Schärfe und in beträchtlicherem Umfang versucht werden. Es sind sogar Bestrebungen vorhanden, die militärische Bundesgenossenschaft für einen hartnäckigen Handelskrieg auszunützen, indem man in den verbündeten Ländern einen „Label de l'alliance" zur Einführung bringen möchte. Wieweit die künstliche Mobilmachung der öffentlichen Meinung nachhaltig den Wünschen der Hetzer entsprechen wird, läßt sich noch nicht übersehen. Aber man muß infolge der Verschärfung der nationalen Stimmungen auch bei den Regierungen ernstlich mit der bedenklichen Tendenz rechnen, auch ihrerseits im Inland die Auslandware ungünstiger als die einheimische zu behandeln. An Versuchen hat es auch in dieser Hinsicht bisher nicht ganz gefehlt. Insbesondere in einigen Balkanstaaten, in denen die Städte nach dem Warenwert bemessene Oktroi-Abgaben erheben, ist es vorgekommen, daß ausländische Waren so beträchtlich viel höher als inländische bewertet worden sind, daß dadurch die Wirkung eines empfindlichen Unterscheidungszolles erzielt wurde. Schon 1891 hat Österreich-Ungarn gegen die Erhebung einer Gebrauchssteuer in Belgrad, welche zwischen einheimischem und fremdem Bier einen Unterschied machte, auf Grund der Meistbegünstigung erfolgreich Einspruch erhoben. Hier ist ein Punkt, in dem in den Friedensverträgen peinlich Vorsorge getroffen werden muß, und zwar handelt es sich nicht nur um das inländische Abgabenwesen, sondern ebensosehr um das inländische Verkehrswesen. Die Meistbegünstigung muß möglichst wieder auf den Grenzverkehr beschränkt werden. Im Inlandverkehr ist dem Grundsatz der Gleichstellung seine Herrschaft mit allen Mitteln zu sichern. Vielleicht wird das nur dadurch zu erreichen sein, daß man auch in Deutschland und Österreich-Ungarn den Weg beschreitet, in den England zuerst eingelenkt hat und alsdann Frankreich ihm gefolgt ist. Mehrfach ist diese Frage von einem anderen, und zwar innerpolitischen Gesichtspunkt aus zur Erörterung gelangt. Insbesondere sind anläßlich der Leipziger Kriegsmesse nach dem Vorbild, das auch die Amerikaner in ihren Zollgesetzen vom 5. August 1909 und 3. Oktober 1913 gegeben haben, Ursprungsangaben auf ausländische, nach Deutschland eingeführte Waren empfohlen worden, um den unwürdigen Zustand zu beseitigen, daß deutsche Waren ins Ausland versendet und von dort wieder eingeführt werden und erst als fremde Erzeugnisse Absatz finden, und zwar zu erhöhten Preisen.

Die Beschränkung auf den Warengrenzverkehr kann als die normale Anwendung der Meistbegünstigung, wie sie sich aus der bisherigen Entwicklung ergibt, bezeichnet werden. Das gilt insbesondere von Deutschland. Während der Artikel 11 des Frankfurter Friedensvertrages — gewissermaßen eine frühere Entwicklungsstufe darstellend — sich nicht allein auf die Ein- und Ausgangsabgaben, den Durchgangsverkehr und die Zollförmlichkeiten bezieht, sondern auch die „Zulassung und Behandlung der Angehörigen und Vertreter beider Nationen" mit umfaßt, ist in den neueren deutschen Handelsverträgen die Meistbegünstigung regelmäßig auf die Einfuhr, Ausfuhr und Durchfuhr der Waren beschränkt, wenn auch für diesen normalen Inhalt eine normale Fassung sich bisher noch nicht herausgebildet hat.

Bei dieser Einengung auf den Warengrenzverkehr, wie sie immer mehr als das Übliche bei der Meistbegünstigung sich herausgebildet hat, wirft sich nun zunächst die Frage auf, ob bei der Grenzüberschreitung alle Waren Berücksichtigung finden sollen, welche aus dem betreffenden fremden Lande eingeführt werden, oder nur diejenigen, die aus ihm eingeführt und in ihm hervorgebracht werden. Diese Frage, ob „Erzeugnisse" und bloße „Herkünfte" gleich behandelt werden sollen, hat nicht nur in den großen Vereinigungen unseres Wirtschaftslebens zu Erörterungen geführt, sondern hat gerade bei denjenigen Staaten, die im jetzigen Kriege unsere Bundesgenossen sind, eine praktische Bedeutung gewonnen. In dem deutsch-türkischen Handelsvertrag vom 26. August 1890 hat die Bestimmung (Artikel 5) Aufnahme gefunden, daß die zu Lande oder zu Wasser aus dem Gebiet des einen Teils in das des anderen ausgeführten „Erzeugnisse und Herkünfte" — worunter nach einer Deklaration" „alle aus dem Eigenhandel des betreffenden Teils stammenden Waren, gleichviel welchen Ursprungs sie sind, verstanden werden sollen" — „wie die gleichartigen Boden- und Industrieerzeugnisse des in letzterem meistbegünstigten Landes" zu behandeln sind. Dieselbe Bestimmung findet sich auch im deutsch-österreichisch-ungarischen Vertrage vom 6. Dezember 1891 (Artikel 3). War sie in dem Vertrag mit der Türkei aus gutem Grunde im Interesse des deutschen und insbesondere hanseatischen Zwischenhandels hineingebracht worden, so ist sie, im Anschluß an alte Zollvereinsverträge, in den Vertrag mit Österreich-Ungarn ursprünglich als „eines der Mittel, um den Plan einer Zolleinigung zwischen Deutschland und Österreich-Ungarn zu fördern" aufgenommen worden. Dabei befand man sich jedoch im Irrtum. Denn die Ausdehnung der vertragsmäßigen Zollbegünstigungen auf alle Waren aus dem freien Verkehr des anderen Landes bedeutet zwar unzweifelhaft eine Förderung für den Zwischenhandel, wie der Vertragschließende sie beabsichtigte und hat in dieser Hinsicht nur das tatsächliche Bedenken, daß sie noch mehr als Deutschland, England nützt, welches infolge seines Freihandels bis heute den Zwischenhandel am stärksten entwickelt hat.

Ebenso sicher bedeutet sie aber auch keine Förderung einer „Zolleinigung" irgendwelcher Art, da sie allein für sich den Ursprungsnachweis der Waren und damit die Durchführung einer jeden Zollbegünstigung erschwert. Nur dann kann sie dem Verkehr zweier Länder mit gleichartiger Zollgesetzgebung, wie Deutschland und Österreich-Ungarn es sind, nützen, wenn gleichzeitig beide Staaten im Falle eines Zollkrieges mit einem dritten zu gemeinsamem Vorgehen sich verpflichten und Vorsorge treffen, daß dieselben Rechte nicht auch sonst auf Grund der Meistbegünstigung in Anspruch genommen werden können. In dieser Weise kann jene Bestimmung zur Vereinheitlichung des Marktes beitragen, freilich zugleich vielleicht mehr Mißstimmung, als tatsächliche „Annäherung" hervorrufen. Im allgemeinen wird zwischen „Erzeugnissen" und „Herkünften" ein Unterschied zu machen sein, und zwar in der Weise, daß beide für sich je meistbegünstigt, aber nicht beide gleich behandelt werden.

Aber auch in diesem verengten Bereich des Warengrenzverkehrs hat die Meistbegünstigung noch allgemeine Einschränkungen erfahren. Sie bezieht sich einmal allein auf Maßnahmen, die ausschließlich wirtschaftlichen Absichten entspringen; sie umfaßt nicht Maßnahmen, die ganz andere, insbesondere gesundheitliche Ziele verfolgen; die Veterinärgesetzgebung, wie die ganze Gesundheitspolizei liegt außerhalb der Meistbegünstigung. Da aber die Beweggründe nicht äußerlich erkennbar sind und sich wirtschaftliche mit anderen verbinden, sogar in ihre Form kleiden können, so ist diese Beschränkung eine Quelle unabläßigen internationalen Streites. Zweitens gehören auf Grund der allgemeinen Entwicklung auch beim Warengrenzverkehr nicht in den Bereich der Meistbegünstigung alle jene Sondervereinbarungen, welche den Wettbewerb im Warenabsatz nicht unmittelbar berühren, sondern nur Zutaten darstellen. Hierher gehört vor allem der Veredelungsverkehr, aber auch zum Beispiel der Markt- und Messeverkehr und der Verkehr mit Mustern und mit Katalogen. Besteht sonst das Wesentliche der Meistbegünstigung in **ihrer** Unentgeltlichkeit, das heißt darin, daß wer sie einmal eingeräumt erhalten hat, für alles weitere, das er durch sie erhält, keine Gegenleistung zu begehren hat, ist bei diesen Nebenabkommen des Warengrenzverkehrs Gegenseitigkeit die Voraussetzung, wobei es allerdings fraglich bleibt, ob die Leistung versagt werden kann, wenn Bereitwilligkeit zur Gegenleistung vorhanden ist.

In dieser mannigfachen Weise hat sich der Begriff der Meistbegünstigung im selben Maße, wie die Handelsbeziehungen sich reicher gestalteten, eingeschnürt. Allgemein hat er seinen Inhalt in der angedeuteten Art gewandelt. Wenn volle Meistbegünstigung heute bewilligt wird, bedeutet das nicht mehr ganz dasselbe wie früher. Weit wichtiger sind aber die willkürlichen Einschränkungen geworden, die im einzelnen Vertrag darüber hinaus vorgenommen werden können. Auch beim Abschluß von Handelsverträgen behält ja ein Staat seine volle Souveränität. Sein Wille bleibt allein entscheidend. Er kann frei bestimmen, was er gewähren will, was nicht. An kein Normalmaß ist er gebunden.

VIII.

Die willkürlichen Einschränkungen, die etwas Neues nicht allgemein, sondern nur für Deutschland und Frankreich darstellen, können zunächst das Anwendungsgebiet der Meistbegünstigung über die Norm hinaus einengen. Es braucht die Meistbegünstigung insbesondere nicht auf alle Einfuhrwaren ausgedehnt zu werden. Man kann einzelne Waren von der Meistbegünstigung ausnehmen, so daß sich also zwei Warengruppen bilden: erstens solche, auf welche die Meistbegünstigung Anwendung findet und zweitens solche, die von ihr ausgeschlossen sind. Die sich daraus ergebende Zollunterscheidung nach der Warenart kann natürlich sowohl auf dem Wege der autonomen Zollgesetzgebung als auch bei jedem einzelnen Tarifvertrag vorgenommen werden. Die autonome Festsetzung würde sich mehr empfehlen, da sie sich nicht, wie eine Vertragsbestimmung, gegen ein einzelnes Land richtet, und da sie es ermöglicht, zum Teil in ein Zugeständnis zu wandeln, was ursprünglich das Gegenteil ist. Solche autonome Ausgestaltung der Meistbegünstigung durch Aufstellung eines Tarifs meistbegünstigter und eines zweiten Tarifs nicht meistbegünstigter Waren erinnert an das Doppeltarifsystem, wie es in Frankreich, Spanien und Norwegen besteht. Während aber der Höchsttarif und der Mindesttarif beide für dieselben Waren Zölle aufweisen, sind hier in den beiden getrennten Tarifen verschiedene Waren mit ihren Zollsätzen enthalten. Beim eigentlichen Doppeltarifsystem kommt für jedes Land entweder nur der eine oder der andere Tarif zur Anwendung; hier dagegen ist das Normale, den Unterschied zwischen den beiden Tarifen zu beseitigen und zu einer gleichartigen Einheit zu vereinigen. Ist das Doppeltarifsystem Tarifverträgen feindlich, da reine Meistbegünstigungsverträge zur Erlangung des Mindesttarifes ausreichen, so ist umgekehrt diese Ausgestaltung der Meistbegünstigung reinen Meistbegünstigungsverträgen feindlich, da nur durch einen Tarifvertrag die Ausdehnung der Meistbegünstigung auf alle Waren erlangt und eine Zollbenachteiligung durch andere Tarifverträge abgewandt werden kann. Jedes Land, das zum Abschluß eines Tarifvertrages ernstlich bereit ist, kann für sich den Normalzustand voller Meistbegünstigung erreichen. Entschließt sich dazu wirklich jedes Land, so ist der Idealzustand eines lückenlosen Netzes von Tarifverträgen mit gegenseitiger langfristiger Bindung der Zollsätze und voller Meistbegünstigung erreicht.

Doch auch dieses Vorgehen hat nicht nur Lichtseiten. Bliebe es nur auf ein einzelnes Land beschränkt, wäre es in der Tat fast ideal zu nennen. Aber das ist natürlich nicht der Fall. In beiden Ländern wird es alsbald zur Anwendung gebracht und da fragt es sich, in wessen Hand dieses System eine wirksamere Waffe bilden wird. Das hängt, bei der Annahme gleicher Kunst in ihrer Handhabung, von der Entbehrlichkeit und Ersetzbarkeit der Einfuhrwaren ab. Jede höhere Belastung von Rohstoffen trifft bekanntlich vor allem das Einfuhrland, dessen Wettbewerbsfähigkeit in Fabrikaten entsprechend vermindert wird. Auch bei Lebensmitteln kann die Lage leicht ähnlich sich gestalten. Nur bei Fabrikaten — von wenigen zeitweise unentbehrlichen wie unseren künstlichen Farben abgesehen — bietet sich regelmäßig die Gewißheit, durch Zollerhöhung auch den Ausfuhrstaat treffen zu können. Daraus folgt, daß alle Länder mit überwiegender Ausfuhr von Rohstoffen und Lebensmitteln und überwiegender Einfuhr von Fabrikaten bei dieser Ausgestaltung der Meistbegünstigung taktisch im Vorteil sind. Solcher Art sind aber die meisten Länder, mit denen es Deutschland zu tun hat. Unsere handelspolitischen Gegner würden ihre Listen von Waren, die unter die Meistbegünstigung nicht fallen sollen, sehr viel reichhaltiger und für uns empfindlicher gestalten können, als wir unsere Listen ihnen gegenüber. Diese Gesamtlage, die nun einmal nicht abzuändern ist, vielmehr in der Zukunft aller Wahrscheinlichkeit nach sich noch stärker ausprägen wird, enthält für uns eine inhaltsschwere Warnung, diesen Weg der Zollunterscheidung zu beschreiten. Wir werden vielleicht anfänglich einige Vorteile erringen können, aber im ganzen Gefahr laufen, im Laufe der Zeit mit einem Saldo zu unseren Ungunsten abzuschließen. Wir dürfen die Zukunft nicht ob der Gegenwart vergessen.

Aber vielleicht läßt sich aus dem Gedanken der Zollunterscheidung nach Warenarten doch ein brauchbarer Kern herauslösen. Das Druckmittel des Ausschlusses einer Reihe sorgfältig ausgewählter Waren von der Meistbegünstigung ist darum vor allem bedenklich, weil es, Gegendruck erzeugend, auch dort sich darbietet, wo es nicht benötigt wird. Es trägt einen aggressiven Charakter. Es muß gewissermaßen so umgestaltet werden, daß es nur im Notfall herangeholt werden kann, also aus einer Angriffswaffe zu einer Abwehrwaffe wird. Das ist dann möglich, wenn man einzelnen Waren die Meistbegünstigung nicht von vornherein vorenthält, wohl aber aus besonderem Anlaß nachträglich entziehen kann. Die Zollunterscheidung bezieht sich dann auf die Frist, für welche die Meistbegünstigung gewährt wird. Wird normalerweise die Meistbegünstigung allen Waren für die gleiche Frist gewährt, so wird jetzt für eine Reihe sorgfältig ausgewählter Ausnahmen die zeitliche Bindung bis auf ein Mindestmaß verkürzt. Es kann damit also nachträglich ein Zustand geschaffen werden, wie er bei der besprochenen Zollunterscheidung nach Warenarten von vornherein vorhanden sein würde.

Eine solche zeitliche Unterscheidung in der Geltungsdauer kann ohne Schwierigkeiten vorgenommen werden, wo die Meistbegünstigung autonom gewährt wird, wie es in Deutschland zuletzt gegenüber England und den Vereinigten Staaten der Fall war. Hier haben wir es natürlich völlig in der Hand, im einzelnen wie im ganzen die Geltungsdauer unserer Zugeständnisse zu bestimmen. Im Grunde haben wir diesen Zustand bereits den Vereinigten Staaten gegenüber. Auf Grund des Reichsgesetzes vom 5. Februar 1910 hat nämlich der Bundesrat zwar den Vereinigten Staaten — wie schon erwähnt wurde — den gesamten deutschen Vertragstarif eingeräumt, zugleich aber auch die Ermächtigung erhalten, in dem Fall, daß die Vereinigten Staaten beim Verzollungsverfahren nicht die 1907 vereinbarten Grundsätze beobachten oder dritten Ländern zum Nachteile Deutschlands Vorteile zukommen lassen, die gewährten Begünstigungen ganz oder teilweise zurückzuziehen. Von dieser Regelung ist schon gesagt worden, daß sie in der allerdings kurzen Frist ihrer Geltung den Nachteilen, mit denen das amerikanische Reziprozitätssystem dauernd droht, wirksam vorgebeugt und eine Abwehr ermöglicht hat, wo bisher hilflos auf sie verzichtet werden mußte. Das neue Abwehrmittel ist daher im wesentlichen nur zu verbessern und kraftvoll zu handhaben. Zu verbessern ist es, weil es die Meistbegünstigung auf Kosten der Sicherheit zu erringen sucht. Jederzeit kann der Bundesrat die ihm übertragenen Machtmittel nutzen, und niemand weiß im voraus, wie er sie nutzen wird. Im ganzen Bereich der großen amerikanischen Einfuhr nach Deutschland muß so auf das für den Handel so wichtige Moment einer für lange Zeit geklärten und gesicherten Lage verzichtet werden. Durch die besprochene Unterscheidung kann diese Unsicherheit zwar natürlich nicht beseitigt, aber doch wesentlich gemildert werden, indem die Möglichkeit der Entziehung der Meistbegünstigung auf ganz bestimmte, für den Kampfzweck sorgsam ausgewählte Waren beschränkt wird. Durch kraftvolle Handhabung dieses allzu lange entbehrten Anwehrmittels wird es vielleicht gelingen, das dem Welthandel nicht mehr angemessene Reziprozitätssystem im Interesse ganz Europas zu überwinden und mit den Vereinigten Staaten zu dem erwünschten Ziel voller Verständigung auf der paritätischen Grundlage gegenseitiger unbedingter Meistbegünstigung zu gelangen.

Von dem zweiten Lande, mit dem wir in der letzten Zeit, und zwar schon seit anderthalb Jahrzehnten unsere Handelsbeziehungen auf dem Wege autonomer Sondergesetzgebung geregelt haben, gilt ähnliches. Gerade England gegenüber kann uns dieses Abwehrmittel erwünscht sein, wenn dort der Kampf zwischen den vornehmen Wettbewerbsvorstellungen des früher bestimmenden großen englischen Kaufmannes und den skrupellosen des heute herrschenden englischen Politikers im Frieden sich fortsetzen und tiefgreifende Änderungen in der altherkömmlichen englischen Handelspolitik sich vollziehen sollten.

Anders dagegen liegt es, wenn es nicht um autonome, sondern um vertragsmäßige Zollpolitik sich handelt. Bei einem Tarifvertrag wird normalerweise die Meistbegünstigung zugleich mit der Höhe der Zollsätze einheitlich für dieselbe Frist festgelegt, so daß es nur eine Gesamtkündigung für den ganzen Vertrag, keine Teilkündigungen für einzelne Zollstellen gibt. Natürlich kann aber auch hier eine Unterscheidung in der Kündigungsfrist vorgenommen werden. Bei allgemeiner Aufrechterhaltung der langfristigen Bindung, die das Wesentliche des Tarifvertrages bildet, können natürlich stark verkürzte Kündigungsfristen für einzelne Zollstellen ausbedungen werden. Allerdings kommt es bei einem Tarifvertrage nicht wie bei autonomer Zollpolitik ausschließlich auf den zielbewußten Willen des einen Staates an. Zu jedem Vertrage gehört die Willenseinigung beider Parteien. Ob sie unter normalen Verhältnissen zu erzielen wäre, ist recht zweifelhaft. Aber ein siegreicher Krieg verschafft Ausnahmen; er überträgt seinen harten Zwangscharakter auch noch auf den Friedensschluß und ermöglicht es damit auch durch mehr oder minder starken Druck die Zustimmung sich zu erringen. Gerade darum sind aber Maßnahmen nötig, die eine sinngemäße Ausführung des Vertrages gewährleisten. Ein solches dringend nötiges Sicherheitsventil in den Handelsverträgen, die wir nach dem Krieg mit unseren Feinden abschließen, bietet die Zollunterscheidung nach der Kündigungsfrist. Wird sie so ausgestaltet, daß im Bedarfsfalle von der Meistbegünstigung Waren ausgeschlossen werden können, hinter denen wirtschaftlich und politisch einflußreiche Interessen im Vertragsstaate stehen, so läßt damit eine Abhilfe sich schaffen, wie wir sie bei empfindlichen und verbitternden Mißständen nach dem Frankfurter Frieden so oft entbehrt haben. Auch hier gilt es, den Fortfall des Artikel 11 unter Verwertung langjähriger Erfahrungen kräftig zu nutzen.

IX.

Wichtiger als die sachliche Beschränkung des Umfanges der Meistbegünstigung durch Unterscheidung nach Warenarten und die zeitliche Beschränkung ihrer Geltungsdauer durch Unterscheidung der Kündigungsfristen ist die örtliche Einschränkung ihres Inhalts. Es braucht sich die Meistbegünstigung nicht auf die Zugeständnisse zu beziehen, die allen Ländern gemacht werden. Da der souveräne Staat frei ist in seinen Gewährungen, kann er bestimmte Länder ausnehmen. Er hat das auch bereits bisher außerhalb Deutschlands nicht selten getan, und zwar regelmäßig zugunsten solcher Länder, mit denen er aus dem einen oder anderen Grunde in besonders engen politischen Beziehungen stand. Sind diese Beziehungen staatsrechtlicher Art, so verschiebt sich die Frage etwas. Mutterland und Kolonien stehen natürlich an sich nicht einander gegenüber wie zwei unabhängige Staaten. Wie sie staatsrechtlich eine Einheit darstellen, so ist das auch handelspolitisch möglich. In den Grenzen seines rechtlich einheitlichen Machtbereiches kann ein souveräner Staat natürlich tun und lassen, was ihm beliebt. Verschafft er sich im Verkehr mit den Kolonien und der Kolonien im Verkehr mit dem Mutterlande und untereinander eine Vorzugsstellung, so ist das nicht etwa ein Verstoß gegen die Meistbegünstigung. Die Meistbegünstigung bezieht sich nur auf fremde Staaten: ein fremder

Staat soll hinter den anderen nicht zurückgestellt werden. Wenn aber in den Kolonien Mutterland und fremder Staat, sowie im Mutterlande Kolonien und fremder Staat einander gleichgestellt werden, so reicht das über die Meistbegünstigung hinaus: der weitergehende Grundsatz der Gleichstellung hat Anwendung gefunden. Das darf nicht verkannt und mißdeutet werden, wie es so oft geschehen ist. Doch ergibt sich eine gewisse Wandlung, wenn zwar eine staatsrechtliche Einheit, aber nicht eine handelspolitische vorliegt. Wenn Kolonien in allen anderen Beziehungen als selbständige handelspolitische Subjekte auftreten, dann kann man von ihnen beanspruchen, daß sie es auch dem Grundsatz der Meistbegünstigung gegenüber tun. Nicht nur, weil wir eine alterworbene und jahrzehntelang eingenommene Stellung ohne Anlaß unsererseits räumen sollten, sondern vor allem weil man zugleich auf der Gegenseite alle Vorrechte selbständiger handelspolitischer Subjekte für sich beansprucht, haben wir den Übergang des britischen Reiches vom Grundsatz der Gleichstellung zu dem der Meistbegünstigung als eine ungerechtfertigte Beeinträchtigung unserer handelspolitischen Stellung empfunden. Immerhin muß man doch zugestehen, daß es besondere Fälle sind, wenn Gebiete von der Meistbegünstigung ausgenommen werden, zu denen Beziehungen staatsrechtlichen Charakters vorhanden sind. Aber auch, wo das nicht der Fall ist, sind solche Ausnahmen gemacht worden. Sie kommen ganz besonders auf amerikanischem Boden vor und wachsen hier in erster Linie aus dem Gefühl der Nachbarschaft hervor. Dieses Gefühl entwickelt sich am stärksten in kleinen Staaten, zumal wenn wirtschaftliche Rivalitäten zwischen ihnen keine große Rolle spielen. Die kleinen zentralamerikanischen Staaten Honduras, Nicaragua, Guatemala, Costarica und S. Salvador sehen sich, wie sie selbst erklärt haben, "nicht als fremde Nationen im strengen Sinne des Wortes an" und haben diese Auffassung auch in handelspolitischen Vorzugsabmachungen gegenseitig betätigt. Ähnlich sind die Beziehungen von Uruguay zu Brasilien, Argentinien und Paraguay. Auch die Vereinigten Staaten haben mit ihrem großen und vielfach so ähnlichen Nachbarn im Norden, mit dem allerdings eine Rivalität sich immer stärker herausbildet, ein handelspolitisches Vorzugsverhältnis zu begründen gesucht, und bei ihnen hat ihr Nachbarschaftsgefühl der Größe ihres Gebietes und ihres Ehrgeizes entsprechend, so ungewöhnlichen Umfang angenommen, daß es mit gleicher Zärtlichkeit ganz Amerika umfaßt. Nicht nur zwischen den Vereinigten

Staaten und Cuba, auch zwischen den Vereinigten Staaten und Brasilien ist ein Reziprozitätsvertrag mit Vorzugszöllen abgeschlossen worden. Gerade nach amerikanischer Auffassung sind diese Ausnahmen sehr wohl mit der Meistbegünstigung zu vereinigen und wenn sie auch in Europa zu milden Einsprüchen vereinzelt Anlaß gegeben haben, sie sind schließlich geduldet und anerkannt worden.

Auch die Stellung Großbritanniens ist der amerikanischen ähnlich. Daß zwischen den verschiedenen handelspolitischen Subjekten der britischen Staatenfamilie der Grundsatz der Zollbevorzugung auf der Seite der Dominien zur allgemeinen Annahme gekommen ist, ist bereits besprochen worden. Wenn er weiter auf britischem Boden nicht die Rolle spielt, wie auf amerikanischem, so erklärt sich das aus der einfachen Tatsache, daß sich das Nachbarschaftsgefühl bei den Engländern mehr politisch als handelspolitisch betätigt. Mit der Halbheit einer handelspolitischen Bevorzugung ist man nicht zufrieden. Wo es irgend sich machen läßt — der Methoden gibt es viele — werden die Nachbarschaftsgebiete staatsrechtlich aufgesogen, so daß für völkerrechtliche Vorzugsabkommen kein Boden mehr vorhanden ist. Solange Transvaal und die Oranjerepublik noch selbständige Staaten waren, gab es ihnen gegenüber die weitestgehenden Zollbegünstigungen; seit der Niederzwingung der Burenstaaten sind sie nicht mehr nötig. Das britische Reich hat im Laufe des letzten Vierteljahrhunderts sein Gebiet um viele Millionen von Quadratkilometern vergrößert, „ziemlich ebensoviel Kolonialbesitz okkupiert, wie in all den Jahrhunderten zuvor". Das ist wirksamer als jede Handelspolitik. Gebietserweiterung macht Zollbevorzugung überflüssig. Doch was vom ganzen gilt, gilt nicht von den Teilen. Sie haben meist nicht solche Erweiterungsmöglichkeiten. Ihr Ehrgeiz kann oft nicht in landerwerbender Machtpolitik sich betätigen. Er muß sich mit der Handelspolitik begnügen, kann höchstens sie als Machtpolitik handhaben. So etwa ist die Lage in Kanada. Dort hat man sich nicht begnügt mit der Zollbevorzugung des Mutterlandes und anderer englischer Kolonien. Man hat vielmehr in dem am 1. März 1910 in Kraft getretenen Handelsvertrag mit Frankreich, dessen lehrreiche Vorbereitungen von 1907—1909 sich hinzogen, auch Frankreich, dem ehemaligen Mutterlande, mit dem noch immer einflußreiche Kreise sympathisieren, Begünstigungen zugewandt, und wenn sie auch durch nachfolgende Verständigungen mit Deutschland und anderen Ländern, unter Minderung der Vorzugsstellung des englischen Mutterlandes, wieder beseitigt wurden, so enthüllten sie doch zum Schrecken Englands ihren wahren Geist. Wer so in allen Teilen — auf der einen Seite freiwillig und im Eigeninteresse, auf der anderen unter Druck und aus Rücksichtnahme — für „Preference" kämpft, wie das so vielgestaltige britische Reich, wird Vorzugszölle bei anderen schwer verhindern können.

Endlich kommt Zollbevorzugung auch bereits auf europäischem Boden vor. Vor allem hat sich Rußland ebenso wie England und die Vereinigten Staaten zur Zollbevorzugung bekannt. Es hat — abgesehen von seinen handelspolitischen Beziehungen zu Finnland — im Handelsvertrag mit Deutschland vom 28. Juli 1904 von der Meistbegünstigung ausdrücklich alle „Begünstigungen, welche für die Einfuhr oder Ausfuhr den Bewohnern des Gouvernements Archangel sowie für die nördlichen und östlichen Küsten des asiatischen Rußlands (Sibirien) gegenwärtig gewährt sind oder in Zukunft gewährt werden", ausgenommen. Auch zwischen Schweden und Norwegen, sowie zwischen Spanien und Portugal bestehen gegenseitige Bevorzugungen. Ja, sogar der Artikel 11 des Frankfurter Friedensvertrages weist auf französische Veranlassung geographische Einschränkungen auf, die ihre grundsätzliche Bedeutung behalten, wenn sie auch praktisch ohne Einfluß geblieben sind: er sagt ausdrücklich: „Jedoch sind ausgenommen von der gedachten Regel die Begünstigungen, welche einer der vertragenden Teile durch Handelsverträge anderen Ländern gewährt hat oder gewähren wird, als den folgenden: England, Belgien, Niederlande, Schweiz, Österreich, Rußland." Zahllos ließen weitere Beispiele sich häufen, wollte man aus der Gegenwart tiefer in die Vergangenheit schweifen.

So kann man fast sagen, daß ein Land, das keine Zollbevorzugungen gewährt hat, eine Ausnahme bildet. In dieser Lage befindet sich Deutschland seit der Reichsgründung bis heute. Das ist nicht ein Verdienst oder das Gegenteil. Das ist, wie wir wissen, eine Folge des Artikel 11, in dessen dauerhaftem Schutz deutscher Doktrinarismus ein kräftiges Sprößlein ungestört treiben konnte. Wenn Deutschland heute sich auch zum „Preferenzprinzip" bekennen sollte, so würde es damit also keine völlig neuen Bahnen betreten, sondern nur einen Boden, auf dem seine Hauptkonkurrenten, England und die Vereinigten Staaten, längst sich gestellt haben. Sie haben es getan in Friedenszeit ohne einen besonderen starken Anlaß. Deutschland tut es, um die bewährte Bundesgenossenschaft im Kriege auch im Frieden anzuerkennen und handelspolitisch zum Ausdruck zu bringen. Wie es dem Natur- und Sittengesetz entspricht, daß der Sieger seinen Feinden seinen Willen aufzwingt, so auch, daß er seinen Freunden seine Zuneigung erweist. Wer solche Stürme des Hasses hat über sich ergehen lassen müssen, der schließt sich enger an seine Freunde an. Wer gegen einen Überfall der halben Welt Weib, Kind und Heim zu schirmen hatte, der hat vor Gott und den Menschen ein Recht, zwischen Freunden und Feinden zu scheiden, zumal wenn das aufrichtige Streben ihn treibt, im Schutze der die Erinnerung mildernden Zeit die Feinde zu mindern und die Freunde zu mehren. Ein solches Vorzugszollsystem nicht aggressiven, sondern defensiven Geistes kommt nach dem Kriege für Deutschland in Frage.

Eine derartige Zollbevorzugung oder „Preference" führt zu dem System, das in Kanada heute in Kraft steht und voraussichtlich vom englischen Mutterlande, wenn es zum Schutzzoll übergehen sollte, angenommen werden wird. Dieses tri-partite-system weist, wie dieser Ausdruck andeutet, gegenüber den beiden Tarifen, die wir bisher in unserer Zollpolitik kennen, dem einheitlich festgesetzten autonomen Generaltarif, der nur in langen Fristen geändert wird, und dem beweglichen Vertragstarif, der aus den vereinbarten niedrigsten Zollsätzen aller Tarifverträge sich zusammensetzt, noch einen dritten Tarif auf, den Vorzugstarif. Der Generaltarif kommt nach wie vor nur in den Ausnahmefällen zur Anwendung, wo die Beziehungen zwischen zwei Staaten so gespannt sind, daß eine Verständigung zwischen ihnen überhaupt nicht gelingt; der neue Vorzugstarif bleibt vorbehalten einem kleinen auserwählten Kreise politischer Freunde, die sich auf Grund einer Verständigung von längerer Dauer zu einem handelspolitischen Bund, der wirtschaftlich nicht auf das Zollwesen beschränkt zu sein braucht, die Hände reichen; und der alte Vertragstarif, den die Engländer gegenüber dem „general" und „preferential" den „intermediate schedule" nennen, bleibt für die Mittelgruppe jener Länder übrig, mit denen der Verkehr nicht über den Charakter eines kühlen und korrekten Geschäftsverkehrs hinausgeht. Bedeutet die Anwendung des Generaltarifs, wie heute, Zollkrieg, der freilich noch mancherlei Verschärfungen fähig ist, so bilden den Kern für den Vorzugstarif unsere erprobten politischen Bundesgenossen und den Kern für den Normaltarif unsere erwiesenen politischen Feinde. Es hängt in der Hauptsache von den Neutralen selbst ab, ob sie handelspolitisch der ersten oder der zweiten Gruppe sich einreihen. Der Weg von der zweiten zur ersten bleibt frei, kann sogar unseren heutigen Feinden geöffnet werden, wenn der Übergangszustand, der aus dem Friedensschluß sich ergibt, abgelaufen oder sonstwie befriedigend beendet ist.

Dieses Drei-Tarifsystem unterscheidet sich vom Doppeltarifsystem, an das es äußerlich vielleicht zunächst erinnert, in mehrfacher Hinsicht. Vor allem fehlt ihm der Hauptnachteil, der diesem eigen ist. Das Doppeltarifsystem schafft keine Sicherheit für die Zukunft, da es als autonomes System die Zollsätze nicht bindet. Jederzeit können die Zollsätze heraufgesetzt werden, es fehlt also die für den Handel so wichtige Stetigkeit. Das neue Drei-Tarifsystem ist dagegen ein Vertragssystem. Abgesehen vom Generaltarif, der normalerweise nur als Verhandlungsgrundlage hinter den Kulissen eine Rolle spielt, kommen beide Tarife von praktischer Bedeutung, wie jeder andere Tarifvertrag, durch Verhandlungen zustande. Sie haben daher auch nicht die Starrheit, die der Mindesttarif nach der Absicht des Gesetzgebers ebenso besitzt wie der Höchsttarif oder der Generaltarif. Sie besitzen vielmehr dieselbe schmiegsame Entwicklungsfähigkeit, wie sie den gewöhnlichen Vertragstarif auszeichnet. Auch wer sich mit dem herkömmlichen Doppeltarifsystem nicht befreunden kann, braucht daher dem neuen Drei-Tarifsystem seine Zustimmung nicht zu versagen. Wie einerseits die Lage nach dem Kriege überall eine gründliche Neuprüfung der früheren Stellungnahme erfordert, so sind anderseits zwischen Doppel- und Drei-Tarifsystem viel tiefgründigere Unterschiede vorhanden, als die äußerlichen und zufälligen Beziehungen erkennen lassen.

Allerdings sind alle Zollsysteme darin gleich, daß schließlich das wichtigste ihre Handhabung ist. Was nützen alle Waffen, wenn sie nicht verständnisvoll und kraftvoll geführt werden. Aber das ist unstreitig, daß das skizzierte neue System unsere handelspolitische Rüstung außerordentlich verstärkt. Es bietet wirksame Abwehrmittel, die uns bisher fehlten, schafft damit ein früher nicht vorhandenes Gleichgewicht in den handelspolitischen Machtverhältnissen und eröffnet Ausblicke auf handelspolitischen Frieden, wie sie in letzter Zeit ganz geschwunden waren. Freilich je erfolgreicher dieses System im versöhnlichen Geist sich bewährt, um so weniger reicht es aus zu einer möglichst wirksamen Annäherung der Bundesgenossen. Doch macht sich ein bedeutsamer Unterschied hier geltend. Nicht überall ist das Interesse, in den engsten Kreis einzutreten, gleich. Denn die Zollbevorzugung bedeutet Zollherabsetzung und bringt je nach Grad und Vielseitigkeit der eigenen Leistungsfähigkeit verschiedene Möglichkeiten der Schädigung und des Gewinnes mit sich. Je höher die Entwicklung der eigenen Kraft ist, um so größer ist die Aussicht, den Schaden durch die Zollherabsetzung abwenden und die Vorteile durch die Bevorzugung erringen zu können. Man kann daher sagen, daß Deutschland im allgemeinen besonders stark an der Zollbegünstigung interessiert ist. Sie erleichtert ihm den Wettbewerb mit seinem wichtigsten Konkurrenten, England. Solange der Gegenbeweis nicht erbracht ist, darf man annehmen, daß sein Interesse das stärkere ist. Zu den Ausnahmen von dieser Regel gehört aber nachweisbar Österreich-Ungarn. Wegen des noch stark ausgeprägten agrarischen Charakters seiner Volkswirtschaft darf es im allgemeinen einen höheren Gewinn von einer Zollbegünstigung erwarten, als Deutschland. Die Ausdehnung auf andere mitteleuropäische Staaten wird Deutschland sich erkaufen müssen. Davon abgesehen ist aber die Ausdehnungsmöglichkeit die denkbar weiteste. Sie ist nicht, wie die Zollunterscheidung nach der Grenze, von der geographischen Lage abhängig. Ein Gebietszusammenhang ist für sie keine Voraussetzung. Meere und weite Landstrecken können sie trennen und doch können sich zwei Staaten mittels dieser Zollbegünstigung die Hände reichen zum handelspolitischen Bund. Ist auf der Grundlage des Nachbarschaftsprinzips eine befriedigende Regelung der Handelsbeziehungen zwischen Deutschland und den Balkanstaaten kaum denkbar, so ist sie hier ohne Schwierigkeiten. Wenn man daher auch damit rechnen kann, daß durch solche Zollbegünstigung zunächst nur ein handelspolitischer Bund zwischen den bisherigen politischen Bundesgenossen entstehen wird, so muß man doch annehmen und vom deutschen Standpunkt aus erhoffen, daß der Kreis sich bald erweitert. Je mehr Staaten aber in den Zollbund in der Form eines einfachen Vorzugszollvertrages Aufnahme finden, um so mehr wandelt sich der Vorzugstarif zum Normaltarif. Für ein Land, das mit seinen Lebensinteressen in so hohem Maße wie Deutschland auf den Weltmarkt angewiesen ist, ist das kein Nachteil. Die Erhaltung und Steigerung seiner Leistungsfähigkeit ist auch, wie wir wissen, ein Hauptinteresse seiner politischen Bundesgenossen. Nur ergibt sich aus dieser Lage die Folgerung, daß nicht durch Zollbevorzugung allein die wünschenswerte Annäherung zu erstreben ist. Andere Mittel müssen hinzukommen.

Vor allem muß die politische Bundesgenossenschaft auch handelspolitisch sich betätigen. Wie man mit dem Schwert sich gegenseitig schirmt, so muß man es auch mit den handelspolitischen Waffen. Gefahren muß man gemeinsam vorbeugen, Angriffen gemeinsam trotzen. Ein solches handelspolitisches Bündnis, das völlig unabhängig ist von der Beschaffenheit der beiderseitigen Zolltarife, bedeutet aber ebensowenig, wie ein politisches, daß man alle Handlungen nach außen gemeinsam vornimmt. Das ist nicht ratsam, sogar unmöglich. Wie Deutschland und Österreich-Ungarn viele politische Verhandlungen allein für sich ohne Sekundanten führen werden, können und müssen, so nicht anders auf dem Gebiete der Handelspolitik. Denn ein Bündnis bedeutet ja nicht die Beseitigung aller Interessengegensätze. Sie bleiben bestehen, wie vorher, politisch wie wirtschaftlich. Ein Bündnis bedeutet nur, daß man das Gemeinsame für wichtiger hält als das Trennende. Es soll bestimmend bleiben für die Gesamthaltung, trotz aller unvermeidbaren Meinungsverschiedenheiten im einzelnen. Daraus ergibt sich aber, daß die Bundesgenossen überall, wo dieses Trennende überwiegt, allein für sich, nur gemäßigt durch bundesfreundliche Rücksichtnahme, ihr Ziel zu verfolgen haben. Solche natürliche Interessengegensätze, die kein Vertrag beseitigen kann, liegen zum Beispiel für Deutschland und Österreich-Ungarn bei ihren Handelsverträgen mit ihrem gemeinsamen östlichen Nachbarn, Rußland, aber auch mit Rumänien vor. Es wäre ein sinnloser und zweckloser Doktrinarismus, zu verlangen, daß beide Staaten, weil sie Bundesgenossen sind, mit diesen Ländern gemeinsam verhandeln sollten. Dadurch würde nichts erreicht, als eine Stärkung der taktischen Stellung der in ihrer Willenskraft nicht gelähmten Gegenpartei, ja vielleicht eine Beeinträchtigung der Wirkung des Bundes in anderen an sich geeigneten Fällen. Nur wo die Gemeinsamkeit der Interessen überwiegt, kann gemeinsames Verhandeln sich nützlich erweisen. Den Vereinigten Staaten gegenüber tritt bei Deutschland und Österreich-Ungarn der Widerstreit der Interessen zurück; hier könnte gemeinsames Auftreten die Stellung jedes einzelnen verbessern. Ob nun die Fälle, die für gemeinsames Vorgehen geeignet erscheinen, sämtlich im voraus oder erst von Fall zu Fall bestimmt werden, dürfte von keiner großen Bedeutung sein. Bei der Neuheit der Sache dürfte sich das zweite Verfahren empfehlen, so daß im handelspolitischen Bündnisvertrag nur die beiderseitige Bereitwilligkeit zum Ausdruck zu kommen braucht, auf einseitigen Antrag wegen eines gemeinsamen Vorgehens in Verhandlung zu treten.

Ob auf der Doppelgrundlage der Zollbegünstigung und eines solchen handelspolitischen Schutzbündnisses eine wirkliche wirtschaftliche Annäherung der Bundesstaaten sich vollzieht, hängt von anderen Maßnahmen ab als solchen des Zollwesens. Jeder Zolltarif soll an sich so gestaltet sein, daß er dem Wirtschaftsgebiet, für das er bestimmt ist, den erreichbaren größten Nutzen bringt. Dieses Ideal gilt für jedes Zollwesen im ganzen, soweit finanzielle Gesichtspunkte nicht den Ausschlag geben. Wie jedes Ideal ist auch dieses nicht erreichbar, aber das Streben muß darauf gerichtet sein. Dann schwindet aber die Möglichkeit, in diesem Rahmen Sondermaßnahmen zu treffen, die eine noch größere Förderung des Wirtschaftslebens bezwecken. Je vollkommener das für jedes Zollwesen gültige wirtschaftliche Ideal erreicht wird, um so mehr muß jede Abweichung eine gegenteilige Wirkung ausüben. Nur wer im Zollwesen unter allen Umständen ein wirtschaftliches Übel erblickt, kann grundsätzlich annehmen, daß die Beseitigung oder Minderung des Zolles unter allen Umständen eine Förderung des Wirtschaftslebens bedeutet. Wer dagegen dem Zollwesen an sich eine fördernde Wirkung nicht abspricht, der muß ihm auch diese Wirkung einseitig für das Land zusprechen, in dem es und für das es geschaffen wurde. Ein Zollwesen, welches das Wirtschaftsleben eines fremden Landes fördert, ist ein Unding. Als wirtschaftliches „Stärkungsmittel" für Bundesgenossen ist es ungeeignet. Das muß gerade deutlich erkennen und offen aussprechen, wer eine möglichste Stärkung des Bundesgenossen und eine Annäherung an ihn wünscht. Eine Lösung dieser Aufgaben kann nicht aus einem Punkte und nicht mit einem Schlage erreicht werden. Von den verschiedensten Seiten ist in zielbewußter Beharrlichkeit daran zu arbeiten. Dabei steht die Verkehrspolitik ebenbürtig neben der Handelspolitik und handelt es sich um Aufgaben keineswegs nur der Staaten, sondern mindestens ebensosehr der großen privaten Verbände und Unternehmungen. Nur wenn private Initiative und staatliche Förderungspolitik im ganzen weiten Bereich des Wirtschaftslebens verständnis- und vertrauensvoll zusammenwirken, kann allmählich das entstehen, was heute zwar besonders zu wünschen, aber noch nicht fertig zu schaffen ist. Darauf im einzelnen einzugehen, ist hier nicht die Aufgabe. Hier war nur vom Zollwesen zu handeln, waren nur die Möglichkeiten seiner Weiterentwicklung frei von Illusionen klarzulegen.

Printed by Libri Plureos GmbH
in Hamburg, Germany